견디는 —— 힘

불확실한 오늘을 잘 버티기 위한 5가지 기술

견디는 힘

초판 1쇄 발행 2020년 4월 1일
초판 3쇄 발행 2020년 9월 18일

지은이 스테르담(송창현)

책임편집 지민경
디자인 Aleph design

펴낸이 최현준·김소영
펴낸곳 빌리버튼
출판등록 제 2016-000166호
주소 서울시 마포구 월드컵로 10길 28, 202호
전화 02-338-9271 | **팩스** 02-338-9272
메일 contents@billybutton.co.kr

ISBN 979-11-88545-81-0 03190
© 송창현, 2020, Printed in Korea

이 도서의 국립중앙도서관 출판예정도서목록(CIP)은 서지정보유통지원시스템 홈페이지(http://seoji.nl.go.kr)와
국가자료공동목록시스템(http://www.nl.go.kr/kolisnet)에서 이용하실 수 있습니다.(CIP제어번호:CIP2020007970)

스테르담
지음

견디는 — 힘.

불확실한 오늘을
잘 버티기 위한
5가지 기술

빌리버튼 billybutton

견디기는 역동적인,
너무나 역동적인,
나의 의지다

삶을 역동적으로 견뎌내는 사람들을 응원하고,

그들에게 경의를 표한다.

"자, 우리 선수들,

이제 이 시간을 잘 견뎌내야 합니다!"

　사우디아라비아와의 축구 결승전.

　우승컵을 향한 사투가 벌어지고 있었다. 전반전과 후반전이 이미 끝난 연장전. 빗장 수비로 지공을 펼치는 사우디아라비아와의 전술에 엮여, 선수들은 지쳐있었다. 중계 아나운서는 예상된 사우디아라비아의 전술이라며, 흔들리지 말고 좀 더 버틸 것을 간절하게 요구했다.

　"자, 우리 선수들. 지금까지 잘해왔어요. 사우디아라비아가 이렇게 나올 거라는 걸, 감독도 이미 알고 있었어요. 이 시간을 잘 견뎌내야 합니다!"

　아나운서의 좀 더 견디라는 그 말은 곧장 내 마음속에

콕 박혔다.

그 말은, 축구장 안에 있는 선수들에게 하는 말로부터 더 확장되어 '오늘 하루, 잘 버티고 견딘 사람들에게 닿지 않았을까'라는 엉뚱한 희망마저 갖게 되었다.

무엇보다 내 마음이 흔들린 건 '견디기는 역동적인 것'이라는 관점의 변화 때문이었다.

아나운서는 선수들에게 단지 좀 더 견뎌낼 것을 요구했으나 선수들의 견디기는 매우 역동적이었다. 견딘다고 해서, 버틴다고 해서, 그저 서있는 게 아니고 오히려 더 사투를 벌이며 전방 압박을 하고 기회를 노렸다. 그렇게 달리고, 넘어지고, 뛰어오르는 것이 그 순간에 필요한 '견디기'였던 것이다.

견디기는 결코 수동적인 것이 아니다!
역동적인 나의 선택이다!

우리 삶은 지난하다. 행복한 일은 가뭄에 콩 나듯 있고 지리멸렬한 일상은 순탄하지가 않다. 공부를 하고, 출근을 하고, 육아를 하면서 우리는 조금씩 지쳐간다. 그래서 집어 든 공감 에세이나 자기계발서들은 하나 같이 '때려치워'라든가 '버텨라'를 이야기한다. 때려치우라는 말은 통쾌하지만 내 삶을 책임져주진 않는다. 버티라는 이야기 또한 머리로는 이해가 되지만 힘겹거나 지긋지긋한 순간을 당장 바꿔주지는 못한다.

하지만 그 둘 중 하나를 굳이 고르라고 한다면, 나는 때려치우는 것보단 견디고 버티는 것에 좀 더 의미를 두고 싶다.

삶의 경험을 볼 때, 쉽게 때려치우기보단 견디고 버티면서 얻어낸 것들이 많기 때문이다. 그러나 나의 경험만으로 남에게 그것을 강요할 순 없다. 때려치워서 오히려 성공한 사람도 있고, 더 이상 버텨서는 안 되는 사람도 있을 수 있기 때문이다.

다만 그럼에도 지금을 견뎌내는 사람들을 응원하고 싶을 뿐이다.

그리고 지금까지 우리는 '견뎌내는 것'을 너무나 당연하게, 하찮게, 지겹게 여기지는 않았나 묻고 싶다. 어쩌면 내가 그랬기 때문일 것이고, 그래서 우리 축구 대표선수들의 '역동적 견디기'가 내 마음을 후벼 팠는지 모르겠다.

지금까지 무언가를 견디고 버텼다면 스스로를 한번 돌아봤으면 한다.

우리는 자주, 견디기가 매우 수동적이며 어찌할 수 없는 자의 패배적 선택이라 생각한다. 그럴 수 있다. 그러니 우리 삶은 힘든 것이다. 내 맘대로 세상은 돌아가지 않을뿐더러, 세상은 나만을 위해 존재하지도 않는다.

그렇다고 나 자신마저, 나를 내동댕이쳐선 안 된다.

나의 견디기를 폄하하기보단, 오히려 드높여주는 게 나에 대한 도리가 아닐까. 자신의 견디기와 버팀이 얼마나 역동적이었는지, 얼마나 열심을 다한 결과인지 알아주어야 하지 않을까. 그러한 순간에 우리가 얼마나 성장하고 많은 것들을 얻었는지에 대해, 적어도 나는 나에게 의미를 부여해야 하지 않을까.

다시, 견디기는 수동적인 것이 아니다.

역동적인 나의 선택이다.

지금 내 삶이 무언가를 견뎌내고 있어 힘들거나 비참하다는 생각이 들면, 그것의 역동성에 주목해보자. 누군가 시킨 게 아닌, 나의 선택이란 걸 상기하자. 뻔하고 뻔한 이야기처럼 들려도 좋으니, 그것 하나만 해보자. 그러면 좀 더 견딜 용기가 난다. 더 큰 의미를 찾을 수 있다. 내가 역동적으로 얻어낸 것들을 소중히 여길 수 있다.

역동적으로 잘 견디고 버텨, 마침내 연장 후반에 골을 넣어 우승컵을 들어 올린 축구 선수들.

오늘도 자신의 삶을 역동적으로 견뎌내는 모든 사람들을 응원한다. 나를 포함한 그들에게 경의를 표한다.

| 차례 |

불확실한 오늘을 견디는 힘 1

현재의 나와 마주하기

불안함이 뒤덮인 날들

차분하게 불안과 마주 앉아
차 한잔을 하자.

"자아가 위험을 느끼면서 자신의 힘으로 감당해낼 수 있는
지 아닌지를 저울질하여 자신의 무력을 자인할 때 나타나는
상태"

– 프로이트

과연 그렇다.

지그문트 프로이트는 심리학의 대가답게 누구나 느
끼는 '불안'을 명쾌하게 정의했다. 프로이트는 사람들의
불안한 마음을 완벽하게 없애지는 못했지만, 그게 왜 생
기고 어떠한 것인지를 규정함으로써 어느 정도의 짐은
덜어주었다.

'불안'은 말 그대로 안심이 되지 않은 심리적인 상태나 감정을 뜻한다.

사람의 감정이 처음 발달하게 된 동기는 '공포'였다. 생존을 위해서다. 사람은 그 공포를 감지하고 최소화하며 생존 본능을 극대화했다.

'안정되지 않은 것'이라는 맥락에서 볼 때 공포와 불안은 꽤 닮아 있다. 그러나 불안은 '신체적이나 정신적으로 분명한 위협'을 인지했을 때 나타나는 공포와는 다르다. 무서워하는 대상이 분명하지 않고 공포에 비해서는 대상을 두려워하는 정도도 미약하기 때문이다. 즉, 불안은 어찌 보면 '만성화된 공포'라 할 수 있다. 아무것도 닥치지 않았는데도 늘 무언가 불안정하다. 막연한, 아직 일어나지 않은 것에 대한 공포와 두려움, 그것이 바로 불안인 것이다.

사람은 상상을 해서 비겁해지는 거래!

영화 〈올드보이〉에서 오달수는 최민식의 이를 뽑으려 한다.

비틀어 당긴 연장엔 이가 없다. 하지만 최민식은 이미 이가 빠진 사람처럼 혼비백산한 상태다. 이를 보고 오달 수가 말한다.

"사람은 상상을 해서 비겁해지는 거래!"

불안이 그렇다.

우리는 불안을 상상한다. 아니, 불안 자체가 의식적이 면서도 무의식적인 '상상'이다. 다가오지 않았는데도 동 요한다. 일어나지 않았는데도 걱정을 한다.

〈불안은 영혼을 잠식한다〉란 영화가 있다. 이 영화의 제목은 불안이 우리에게 미치는 영향을 잘 표현해준다. 상상 속엔 온갖 괴물이 있고, 사고가 있으며, 불행이 있고, 슬픔이 있다. 그것이 눈앞의 현실이 될까 하루하루를 마치 외줄 타기라도 하는 것처럼 우리는 살고 있다.

나약한 인간이기에, 좋지 않은 미래에 대한 상상은 늘 긍정적인 상상보다 더 또렷하게 우리를 지배한다.

불안을 대하는 자세

돌이켜 생각해보면 '불안'은 나에 대한 걱정이라 할 수 있다.

그렇게 되면 어떨까, 그렇게 되지 않으면 어쩔까. 미

리 상상하여 최악의 상황은 면하려는 생존 본능. 공포심은 언뜻 들어 부정적으로 들릴 수 있지만, 그 옛날 야생에서 맹수를 만나 한달음에 도망치게 해준 건 다름 아닌 '공포'였다. 덕분에 우리는 오늘날 목숨을 유지하고 삶을 영위하고 있다. 그렇게 쌓인 공포심이 데이터베이스화 되어, 맹수가 나타나지 않았음에도 그와 비슷한 무언가를 마주할까 느끼는 불안. 우리는 언제라도 나를 지킬 준비가 되어 있는 것이다.

우리네 사회는 '실수'나 '실패'를 용인하지 않는다.
행복하기 위해 사는 게 아니라 덜 불행하기 위해 애쓰는 형국이다. 왜 그렇게 되었는지를 규명하는 것은 내 지식과 정서 밖의 일이므로 함구한다. 하지만 분명한 건, 우리 모두 이러한 사회와 시대에 놓여 있다는 것이다. 그러니 불안하고, 또 불안할 수밖에.

마음이 불안정하다면, 그 현실을 서글퍼하기보다는 무엇이 나를 흔드는가를 직시해야 한다.

흔들리는 마음은 결국 나를 지키기 위한 신호다. 그것은 분명 미래 또는 다가오지 않은 것들에 대한 걱정이다. 지금 내가 '최악'이 될까 봐 불안해하는 상황은 무엇인가. 실수하지 않으려, 실패하지 않으려, 덜 불행하려 발버둥 치는 와중에 우리는 더 흔들린다.

불안은 내 편이라 생각하자.

차분하게 불안과 마주 앉아 차 한잔을 하자.

나에게 어떠한 것을 알려주러 왔는지, 내가 하고 있는 상상은 무엇인지.

알고 보면 우리에게 아주 친숙한 '불안'이라는 친구가, 이제야 자신을 만나주었다고 우리가 알지 못하는 것 이상에 대해 자세히 귀띔을 해줄 수도 있지 않을까.

불안함이 뒤덮인 날들.

결국 나 자신을 면밀히 돌아봐야 하는 날들임을 잊지

말아야겠다.

그저 다 포기하고 싶을 때가 있다

포기하고 싶다고
말하는 용기

포기, 어쩌면 살아가는 데 필요한 덕목

누가 그랬던가. 포기는 배추 셀 때나 쓰는 말이라고.

우리는 정서적으로 포기를 쉽게 하지 못한다. 포기하는 즉시 패배자라는 낙인을 찍는 경향이 있으니. 재밌는 건, 누가 뭐라고 하지도 않았는데 스스로 그 낙인을 찍는 사람들도 많다는 것이다.

왜 우리는 포기하지 못할까. 포기하면 하늘이 무너질 것 같다는 두려움과 불안은 어디에서 오는가. 자발적으로, 도전적으로 포기하지 않는 게 아니라, 포기하면 그 낙인이 찍힐까 봐 주저주저 포기하지 못할 때가 있다. 다들 그렇게 사는 것 같다.

그렇다고 해서 포기가 무조건 나쁜 것만은 아니다.

그 뜻을 헤아려보면 더 그렇다.

포기[抛棄]

1. 하려던 일을 도중에 그만두어 버림

2. 자기의 권리나 자격, 물건 따위를 내던져 버림

– 표준국어대사전

우리가 두려워하는 건 첫 번째 의미다.

도중에 그만둔다는 것은 자괴감이 드는 일이며, 끈기가 부족하다는 이야기를 듣는 것을 감내해야 하는 일이다. 유쾌한 일이 아니니 대개는 무의식적으로 그러한 상황을 만들지 않으려 한다.

하지만 두 번째 뜻을 보면 그러한 생각에 여지가 생긴다.

모든 것을 다 가질 순 없는 게 우리네 인생이다. 오히려 욕심을 부리다간 이도 저도 갖지 못 하고 만다. '얼마나 많이'보다는 '얼마나 중요한' 걸 가지고 있느냐가 관건이다. 욕심 때문에 정작 중요한 걸 놓쳐버린다면 그것은 껍데기에 불과하다. 그런 의미에서 '던질 포抛'와 '버릴 기棄'는 살아가는 데 꼭 필요한 덕목이 아닐까.

포기는 또 다른 시작일 수도

포기와 비슷한 말로는 '체념'이 있다.

'체념'은 '희망을 버리고 아주 단념함'이란 뜻이다. 나는 이 말을 상당히 긍정적으로 본다. 일희일비하지 않는 강하고 곧은 에너지가 느껴진다. 괜한 희망이나 기대에 휘둘리지 않는, 심지 곧은 대나무나 선비와 같은 느낌.

다만 좋은 뜻으로의 '포기'와 '체념'은 자신의 한계에 다다르는 노력과 최선을 다한 뒤의 것이다. 그러고 나면 후회가 덜하다. 대충대충 포기하고 체념해서, '어떻게든 되겠지…' 하고 기다리자는 게 아니다. 그렇기에 때론 내가 던져버려야 할 것들, 기대와 희망은 접고 의연하게 기다려야 하는 순간들을 잘 판단해야 한다. 최선을 다할 땐 다 하고, 버릴 땐 버리고 기다리는 자세.

어쩌면 그것은 용기가 아닐까.

포기할 줄 아는 용기, 체념할 줄 아는 용기, 암흑 속에서라도 기다릴 줄 아는 용기.

용기는 항상 크게 울부짖는 게 아니라, 하루의 마지막에 "까짓 거 내일 다시 해보자."라고 읊조리는 것일 수 있다. 최선을 다한 후 용기를 내어 오늘 포기하고, 용기를 내어 다시 도전해보는 것.

때론 그저 다 포기하고 싶다고 속시원히 말해야겠다.

용기 내어 포기하면, 다시 시작할 수 있으니까.

가면을 쓰고 지낸 날들

가면을 쓰고
지내야 하는 날들

외면해선 안 되는 마음의 무게

살다 보면 몸이 아니라 마음이 무거울 때가 있다.

뻐근하고도 천근만근인 몸의 피곤함이 차라리 더 낫다고 느껴질 때 마음의 무거움은 중력을 초월한다. 몸이야 물리적 법칙에 따라 지면이 있는 곳으로 그 무거움이 제한되지만, 마음의 무거움은 그렇지 않다. '쿵' 하고 떨어지는 그 깊이에는 기약이 없다. 내 육체는 물론 지면까지 뚫고 미지의, 무한대의 어두움 속으로 내내 떨어지는 느낌이 때론 오싹하다.

그럴 땐 마음을 돌봐야 한다.

운동을 하면 땀이 나고, 땀이 나면 기분까지 개운해진다는 것이 과학적으로도 증명이 되었지만 오롯이 마음을 보는 과정도 필요하다. 마음은 외부적 자극으로 어찌할 수 없는 본연의 것이다. 잠시 바꾸는 것은 될지 몰라도, 본질적인 관리를 하지 않으면 언제든 다시 그 아픔과 피곤함이 도지기 때문이다.

그런데 곱씹어보니 대개는 내가 쓴 가면에 나를 맞추는 것이 힘들 때 그렇다는 걸 깨닫는다.

우리는 태어나면서부터 마음 즉, 영혼의 가면을 하나씩 쓰고 태어난다. 바로 '얼굴'이다. 그런데 나이가 들고 삶의 역할이 바뀔 때마다 가면을 하나둘 더 쓰게 된다. 심리학자인 칼 구스타프 융이 말한 '페르소나Persona'의 개념이자, 다른 말로는 '사회적 역할'이다.

문제는, 하나의 가면을 벗고 다른 것을 쓰는 것이 아니라 그것을 겹치고 또 겹쳐 써야 한다는 것이다. 게다가 가면은 '역할 가면'과 '감정 가면'으로 나뉜다. 써야 할 것도 많은데, 그 종류도 여러 가지다.

예를 들어, 나는 사회적으로 남자, 어른, 부모, 직장인, 아들, 가장, 작가, 학생, 업무 파트너 등의 '역할 가면'을 쓰고 있다. 그리고 나를 괴롭히는 상사 앞에서 웃어야 하는, 밥벌이의 고단함에 쓰러질 것 같아도 괜찮다고 해야 하는, 욱하는 일이 있어도 더 소중한 것을 지키자는 생각으로 표정을 숨기는 '감정 가면'을 쓰고 살아가야 한다.

마음의 원형을 잃지 않도록

가면이 많아질수록 갈등도 늘어나고, 마음은 더 무거워진다.

신선한 공기를 받지 못하고 계속해서 얼굴에 화장을

덧칠한다고 생각해보자. 분명 피부는 덧난다. 또한 내 얼굴에 여러 가면을 겹쳐서 쓴다고 생각해보자. 결국 물리적인 무게는 늘어나며 그 무게로 고개를 떨굴 수밖에 없을 것이다.

이런 법칙은 마음에도 고스란히 적용이 되는데, 마음이 아프고 무거운 이유는 바로 이러한 가면들의 얽히고설킴 때문이다. 더불어, 제때 그 상황에 맞는 가면을 바꿔 쓰지 못하거나, 가면에 맞는 행동이나 마음가짐을 갖추지 못할 때 우리는 방황한다. 사회적 낙오자가 된 것만 같은, 나만 틀린 사람이 된 건 아닐까 하는 불안함이 우리를 엄습한다.

그래서 우리는 마음의 '원형'을 잃지 않도록 스스로를 돌아봐야 한다.

'원형' 또한 융이 언급한 내용으로, 자신만의, 고유의 통합적 정신 기질을 일컫는다. 지금 우리는 너무 많은 가면으로 정작 우리 자신의 얼굴 표정을 잃은 건 아닐까. 웃고 싶을 때 웃어야 하고, 울고 싶을 때 울어야 하는 아주 간단한 자연의 법칙을 너무나 자주 거스르며 살지는 않았는가. 그래서 웃음이 멈추고, 눈물이 멈춰 마음의 병을 키워온 건 아닐까, 돌아봐야겠다.

우리의 마음이, 영혼이 어떻게 생겼는지는 전혀 알 수 없다.

하지만 우리는 각자의 얼굴로 그것을 짐작한다. 오늘 마주한 거울 속의 내 표정이 행복한지 아닌지는 굳이 증명하지 않아도 직감적으로 안다. 그러한 순간을 많이 늘려야 한다. 고뇌하고 사색해서라도 내 마음의 표정을 알아내야 한다. 쌓여만 가는 가면으로 내 표정이, 내 얼굴이 소멸되거나 풍화되면 마음이나 영혼까지 다칠 수 있기 때문이다.

내가 가면을 쓰고 지내고 있다는 걸 알아차려야 한다.

그리고 때론 잠시 그 가면을 벗고, 진정한 내 얼굴과 표정을 바라봐야 한다. 그래야 내 마음과 마주할 수 있고, 원형의 표정을 보고 마음이 어떠한지, 무엇을 어떻게 해야 하는지 알 수 있다. 내 마음을 마주하고 나만의 방법으로 마음을 풀어주는 일—책을 읽고, 영화를 보고, 사랑하는 사람을 만나거나 사고 싶은 것을 지르는 모든 것들은 목적이 없는 게 아니라 결국 내 마음을 편히 하기 위한 것임을 알아차려야 한다.

그러면 우리는 흔쾌히, 다시 가면을 쓸 수 있다.

그것이 진정한 내가 아니지만 결국 그것들이 모여 나

를 이룬다는 것을 깨달으면서. 또한 가면에 휘둘리지 않고 마음의 원형을 통해 나는 나대로 살아남을 수 있다는 용기를 간직한 채 기꺼이 가면을 쓸 수 있을 것이다.

너무 많은 가면이 우리를 힘들게 할 때가 분명 있지만, 때론 굳이 스스로의 원형을 그대로 노출시킬 필요가 없는 상황도 많다. 그러니 우리가 가진 가면에 고마워하거나 그것을 잘 활용하는 것도 삶의 지혜라 할 수 있다.

가면을 쓰고 지낸 날들.
가면을 쓰고 지내야 하는 날들.

누구나 다 그렇게 산다.
'나'의 상태와 '나'의 본질을 잃지 않도록 하루하루 되새기는 사람이 있고, 없고의 차이일 뿐.

왜 나만 힘들까?

세상의 중심은 나다.
나여야 한다.

그게 뭐 그렇게 힘들다고

한 예능프로에서였다.

건강관리 차원으로 체력 단련을 받는 한 연예인이 죽을힘을 다해 러닝머신 위를 뛰고 있었다. 혹독하기로 소문난 트레이너는 옆에서 "더더더!"를 외치고 있었는데, 기진맥진한 그 연예인이 뛴 시간은 5분이 채 안 되었다. 그 광경을 모니터를 통해 보고 있던 패널들은 박장대소했다.

"아니, 저거 뛰고 힘들다고 난리인 거야?"

손가락질하며 웃고 있는 패널들을 보면서, 나는 웃을 수가 없었다.

"그게 뭐 그렇게 힘들다고…"라고 쉽게 이야기하는 현실에서의 모습들이 떠올라 소스라치게 놀랐기 때문이다. 보통 '남'의 어려움을 보고 쉽게 내뱉는 말, 우리는 그 말을 쉽게 내뱉고, 어렵게 받아들인다.

감정으로의 개입

우리는 다른 누군가의 감정에 개입할 수 없다.

그 사람이 되어보지 않고는 다른 사람이 느끼는 고통과 기쁨, 갖가지 감정들을 오롯이 알 수 없다. 다만 짐작할 뿐. 다 안다고 하면 그것은 거짓이자 오만이다. 그러니 쉽게 내뱉는다.

근래 들어 밖으로 나가 5분 이상 연속으로 뛰어본 적

이 있는가? (예능을 다큐로 만들 생각은 아니지만) 어찌 되었건 그 모습을 보고 웃은 사람 대부분은 그런 경험이 적어도 최근에는 없었을 것이다. 요전 날 5분을 연속으로 뛰어 힘든 기억이 있었던 사람이라면 그 프로그램을 보며 남들보다는 덜 웃었을 것이다. 그 상황에 개입하진 못해도, 그게 얼마나 힘든 일인지 공감은 할 수 있기에.

반대로 생각하면 누군가 나에게 "뭐 그리 힘들다고…"란 말을 하면 받아들이기가 쉽지 않다.

내 감정엔 누구도 개입할 수 없기 때문이다. 나를 낳아주신 부모님이라도 마찬가지다. 내가 힘들다고 느낄 때, 세상이 가차 없이 매정하게 느껴지는 이유다. 내가 어려울 때, 아주 가까운 누군가가 위로의 말을 건네도 그것은 그저 말일 뿐. 그 시간을 견뎌내고 이겨내야 하는 건 나 자신이다.

나를 뺀 우주와, 나의 무게.

어떤 게 더 무거울 것인가.

이것은 어떠한 공식으로 풀어내는지에 따라 답이 달라질 수 있다. '존재'라는 공식을 대입하면 후자가 더 무겁다. 그게 내가 하고 싶은 말이다. 그래서 공식도 원하는 대로 적용했다. 우주를 인식할 내가 없으면, 우주도 없는 것이니까.

세상의 중심은 나다.

인싸나 항상 주인공이어야 한다는 나르시시즘을 의미하는 것이 아니다. 세상 모든 일은 나의 관점으로 규정된다는 사실을 아는 것이 중요하단 말을 하고 싶다. 그래서 심리학에는 '지각심리'와 '인지심리'가 있다. 우리의 오감을 통해 '지각'되는 외부 자극, 그리고 지각된 감각을 어떻게 받아들일지 결정하는 '인지' 과정. 어떤 자극은 우리의 신경세포를 거쳐 각자의 기억과 경험, 판단 근거에 따라 다르게 해석된다. 그에 따라 반응도 달라진다. 햇살이 쨍한 날, 기분이 좋으면 세상이 아름답지만 이별한 사람에게 그 날씨는 곤욕인 것처럼.

그러니 '나만 힘들다'란 느낌은 당연하다.

다른 누군가가 크게 다친 것보다 내 손톱 아래 가시가 더 큰일이다. 다른 사람의 인생은 큰 걱정 없어 보이지만 내 인생은 문제투성이다. 다들 잘 먹고 잘 사는데, 나만 힘들어하고 있다는 느낌적인 느낌. 띄엄띄엄 맞이하는 다른 사람들의 인생은 재빨리 지나가니 그 안의 문제가 보일 리 없다.

나만 힘들다고 풀썩 주저앉을 필요 없다.

인생은 나만 힘든 게 맞다.

나만이 내 감정에 개입할 수 있으므로.

나는 나를 뺀 우주보다 더 무거운 존재이므로.

더불어, 세상의 순리를 볼 때, 다른 사람들은 기쁜 일은 함께 적극적으로 나누려 하지만, 힘든 일엔 그보단 소극적이라는 걸 항상 상기해야 한다.

인생은 그래서 고독한 것이다.

시인 엘라 휠러 윌콕스의 〈고독Solitude〉은 야멸차게 이러한 진리를 설파한다.

웃어라. 온 세상이 너와 함께 웃을 것이다.

울어라. 너 혼자 울게 될 것이다.

기뻐하라. 사람들이 너를 찾으리라.

슬퍼하라. 그들은 너를 떠날 것이다.

축제를 열라. 그럼 너의 집은 사람들로 넘쳐나리라.

굶주리라. 세상이 너를 외면할 것이다.

- 엘라 윌콕스 <고독> 중에서

고독은 모든 숨 쉬는 존재들의 운명이자 숙명이다.

그리고 어쩌면, 세상의 중심이 나라는 방증이다.

그렇게 다시, 세상의 중심은 나다. 나여야 한다.

나만 힘든 이유와 그 무게를 받아들이면서.

사실 나는 잘 되고 싶다

스스로를
잘 대접하면서

왜 성공하고 싶은가

〈양자물리학〉이라는 영화에서 여자 주인공이 남자 주인공에게 이렇게 묻는다.

"왜 그렇게 성공하고 싶으세요?"

"성공해야 대접받으니까요!"

남자 주인공의 대답엔 주저함이 없었다.

질문과 대답 사이엔, 1초라는 순간이 존재할 틈도 없어 보였다. 명쾌하고도 확실한 그 대답에서, 나는 간절함이라는 또 다른 확신을 보았다. 그리고 그것은 영화 속 주인공의 것만이 아니라 나의 바람도 진하게 녹아 있는 대답이라는 것을 깨달았다.

영화라는 것은 보편적인 정서를 기반으로 한다. 그래야 관객을 끌어모을 수 있기 때문이다. 또는 보편적인 정서를 기반으로 하지 않는다 해도, 감독은 의도적으로 어떤 의미나 메시지를 전달하려는 목표의식을 가지고 영화를 만든다. 보편화의 과정이라 할 수 있겠다.

'생각이 현실이 된다'라는 영화 전반에 걸친 주인공의 신념은, 우리가 자기계발서에서 보고 들어 일상생활에서 행하고 있는 그것과 다름없다. 이러한 신념을 바탕으로 영화가 나왔다는 것은, 많은 사람들이 '성공'하고 싶다는 이야기이고, 그 성공을 이루기 위해서는 '나는 잘 될 것이다'라는 신념 즉, 내가 나를 믿고 응원해야 한다는 것을 전제로 한다.

하지만 현실의 우리는 '성공'이라는 단어 앞에 초라해지기 십상이다.

평생 먹고 살 만큼의 돈이 있거나 사람들이 우러러보

는 사회적으로 큰 업적을 이룬 것이 아니라면 '성공'이 란 단어를 쉽게 가져다 붙이지 않기 때문이다. 때론 내 가 이룬 크고 작은 성공들을 스스로 다른 것들과 비교하 며 아직 멀었다는 불필요한 겸허함을 발휘하기도 한다.

그러니 우리 앞엔 스스로를 괴롭히는 날이 즐비하다.

솔직히 말해, 나는 이미 성공했다고 말할 수 있는 사람 이 얼마나 될까? 분명 살아오면서 크든 작든 무언가를 성취하고 성공이라는 기쁨을 맛보았을 텐데 우리는 왜 이리 성공이라는 단어를 사용하는 데 인색할까? '내 주 제에 성공은 무슨…'이라며 스스로 가슴에 못을 박는 일 도 허다하다.

무언가를 이루고 잠시 우쭐할 수도 있고, 남들이 인정 하지 않는 것에서도 성공이라는 의미를 끄집어낼 수 있 는데, 자신에게 이렇게 못되게 구는 걸, 우리는 어디서 보고 배운 걸까?

나를 소중히 하면 성공의 기회는 더 많아진다

아이들은 성공이라는 것에 친숙한 존재다.

두 발 자전거 타기를 누구보다 두려워하던 아이는, 부모의 손을 떠나 스스로 두 발 자전거를 굴리기 시작했을 때 세상 거만한 존재가 된다. 넘어질까 불안에 떨던 마음, 힘들게 잡아주던 부모의 수고는 잊고 자신이 순간 맛본 성취감을 극대화하여 내재화한다.

그때의 느낌은 앞으로 아이들이 커서 살아가는 데 큰 도움이 된다. 다른 한편으로는 그 '순수한 거만함'은 나이를 먹고 사회에 부대끼며 점점 옅어질 것이다. 아무리 무언가를 이루더라도 '성공'이란 단어를 쓰는 데 인색해진 지금 우리 모습과 같이.

사실 우리는 모두 잘 되고 싶은 마음을 가지고 있다.

잘 된다는 것은 성공을 의미하고, (영화 속 남자 주인공의 대답처럼) 성공한다는 것은 대접받는단 말이다. 단, 대접을 누구에게 받아야 하는가에 대해선 다시금 생각해볼 필요가 있다.

다른 사람에게 대접받는 건 그리 쉽지 않다. 그래서 사람들은 기를 쓰고 남들보다 더 높아지려 하고, 많이 가지려 한다. 내가 한 단계 올라가면 두 단계 위 사람이 보이고, 그 이상 위로 가도 더 위에 있는 사람을 보며 성공이라는 단어는 좀 더 위로 갔을 때 쓰자며 아껴두게 된다.

그러나 내가 스스로를 대접한다고 생각해보자. 내가 나를 대접하면 성공의 기회가 많아진다. 넘어지더라도 지금까지 온 거리를 성공으로 간주할 수 있다. 좋은 것들은 '추억'으로 생각하고, 그렇지 않은 것들은 '경험'이라 생각할 여유가 생긴다. 영어 단어장 한 장을 넘기거나 운동하러 문 밖을 나가기만 해도 성공했다는 말을 쉽게 할 수 있고, 그 성취감을 맛볼 수 있게 된다. 어렸을 때 우리가 느꼈던 그 '순수한 거만함'을 추억하며.

아직 성공하지 못했다는 공허함을 가지기보단 '과연 성공이란 무엇인가'를 재정의하는 게 어떨까.

더불어 남들에게 대접받고자 하는 마음으로 누군가를 짓밟고 오르려는 사회적 괴물이 되어가기보단 스스로를 잘 대접하며 성공의 기운을 나누면 어떨까.

사실 나는 잘 되고 싶다는 마음을 애써 외면하지 않고, 스스로를 잘 대접하면서.

객관적으로 생각하고 받아들이기

'왜'라는 의문 갖기

세상에
나쁜 질문은 없다.

"질문할 기회를 드리겠습니다."

한국에서 열린 G20 정상회의.

미국 대통령이 환대에 대한 감사의 의미로 한국 기자에게 특별히 질문할 수 있는 기회를 주었다. 순간 영원과도 같은 정적이 흘렀고, 오히려 민망해진 미국 대통령은 상황이 점점 복잡해지고 있다며 애써 웃었다. 결국 질문은 한국 기자가 아닌 중국 기자가 하게 되는 안타까운 일이 발생했다.

사람들은 기자들을 탓했다. 하지만 나는 그러지 못했다. 그러한 상황과 풍경, 정적이 내가 자라오며 매우 익숙하게 봐왔던 것들이기 때문이다.

내가 그 자리에 있던 기자였다면 과연 힘차게 손을 들고 질문을 할 수 있었을까? 내 질문이 좋은 질문이 아니면 어떡하지? 수준에 맞지 않으면 어떡하지? 혹시라도 콩글리쉬가 튀어나오면 어떡하지? 다 끝나가는 분위기에 이런 질문이 적절할까? 이런 고민을 하는 동안 옆에 있던 중국 기자는 어느새 손을 들고 있었을 것이다.

질문에 대한 두려움이
'왜?'라는 씨앗을 마르게 한다

정답을 하나로 강요하는 우리나라 교육이 문제라고들 한다. 물론 요즘은 많이 달라진 것을 느낀다. 간혹 대학교에서 강의를 하거나 주니어들에게 강의를 할 때면 이

전보다 많은 질문을 받는다. 어떤 친구들은 내가 던진 질문에 대해서도 질문을 하기도 한다. 나는 이것이 바람직하다고 생각한다. 다만 조금 나아졌다는 것이지 질문에 대해 주저하는 모습이나 좋은 질문이란 생각이 들지 않으면 하지 않으려는 근본적인 모습은 여전히 보인다.

정말로, 우리는 질문을 왜 이리 두려워할까?

가장 안타까운 것은 질문에 대한 두려움으로 인해, 우리가 제기해야 할 '왜?'에 대해 생각하지 못한다는 것이다. 질문이 자유롭게 용인되지 않는 사회 정서상 '왜?'라는 질문은 어쩌면 금기와도 같다.

생각을 정리하고 본질을 파악하는 데 도움이 되는 '5 why'라는 기법이 있다. 어떤 현상이나 의문에 대해 말 그대로 5번을 묻는 기법인데, 우리네 정서를 비꼬아 '싸대기 맞기 좋은 기법'이라는 안타까운 별명이 있을 정도다.

'왜?'라는 의문을 가져야 하는 이유

그럼에도 우리는 '왜?'라는 의문을 추구해야 한다. 그것이 삶에 도움이 되기 때문이다. '질문'은 인류가 문제에 닥쳤을 때 문제를 해결하고 위기를 이겨내어 온 훌륭한 도구다. 이 생각의 도구가 인류를 만물의 영장으로 만든 것이다. 그런데 세상의 흐름은 빨라지고 살기는 점점 각박해지다 보니 이젠 '왜?'라는 질문보단 '어떻게'란 생각이 먼저 떠오른다. 문제에 닥쳤을 때 문제의 본질보단 솔루션에 집착하는 것이다.

'어떻게'에만 몰두하면 뇌는 굳어지고 생각이 사라진다. 시작하자마자 해결책부터 알아내려 한다면 뇌에 과부하가 걸린다. 동기부여도 안 될뿐더러 마음만 조급해진다. 묻지도 따지지도 않고 사람들을 따라 부동산 재테크를 하거나 자신의 바람과는 상관없이 의사, 변호사가 되겠다는 모습을 보면 그것을 더 뼈저리게 느낀다.

정답(이라고 믿는 것)을 정해놓고, '어떻게^{How}'만을 권하는 사회. 내가 그것을 '왜?' 해야 하는지 보다는, 어떻게 경매를 하고 절세를 하고 대출을 받을 것인지, 어떻게 과학고를 가서 의대에 합격할 것인지에만 몰두한다. 그것을 이루고 정신을 차렸을 때 그 결과에 만족하면 천만다행이지만 그렇지 못하다면 방향을 잃은 것이나 다름없다. 이는 대표적인 예지만, 내가 살아온 삶의 방식을 돌아보면 나 또한 이와 다르지 않았음을 고백한다.

어느 날, 옆 부서 신입사원 한 명이 질문을 하며 아래와 같이 말했다.

"선배님, 세상에 나쁜 질문은 없잖아요. 그렇죠?"

평소라면 이미 알고 있어야 하는 것에 대해 핀잔을 받을 수도 있는 질문이었지만 선배들은 웃으며 흔쾌히 그것을 알려줬다. 후배의 센스가 놀라웠다. 그 말이 맞았다. 좋은 질문이 있고 없고를 떠나 나쁜 질문은 없다고 생각하는 것이 더 도움이 되었다. 그래서 실제로, 나는 이전보다 좀 더 자주 묻는다. 다른 사람에게도, 나 자신에게도.

이 밖에도 '왜?'라는 질문은 삶을 좀 더 윤택하게 한다. 인과 관계를 규명함으로써 문제 해결의 실마리를 제공하고, 일상에서 그냥 지나치던 것들을 다시 바라보고 의미를 찾을 수 있게 해준다. 생각해보니 나의 첫 책《일상이 축제고, 축제가 일상인 진짜 네덜란드 이야기》도 '집들이 왜 기울어져 있지?'라는 의문에서 시작되었다. 그저 지나치던 것들에 대해 '왜?'라는 의문을 가져다 붙이면 정말로 세상은 다르게 보인다.

모르는 것은 모른다고 말하는 용기, 그저 지나치던 것들에 대해 다시 묻는 호기심.

'좋은 질문이 아니면 어떡하지'라는, 시작부터 정답을 염두에 둔 질문이 아닌 '세상에 나쁜 질문은 없다'라는 생각. 이것이 이 힘겨운 세상을 살아가고 견디고, 버티는데 큰 도움이 될 거라고 나는 믿고 또 믿는다.

현실의 문제점 정리하기

내 문제는 내가 정의하고
해결한다.

인생은 답을 찾아가는 여정?

인생은 답을 만들어가는 여정!

우리는 살아가면서 답을 찾는 데 혈안이 되어 있다.

인생에 정답이 있을까 싶지마는 내 삶에 도움이 되고 마음이 편해지는 상황이 되면 그제야 안도한다. 예를 들어, 어떤 선택의 갈림길에 있을 때 자신이 선택한 길에서 성공을 거두었거나, 어려운 일을 자신의 힘이나 누군가의 사례로 해결했을 때 그렇다.

재미있는 것은 우리가 답을 '찾는다'라고 표현한다는 것이다.

그렇다면 답은 어디엔가 있다는 말이고 이미 존재한다는 뜻이다. 과연 그럴까.

우리 삶이 이렇게 힘든 이유는 답을 '찾지 못해서'일까. 그렇다면 이미 존재하는 '답'은 무엇일까? 그 답은 어디에 있는 걸까?

아마도 우리는 지나온 과거의 경험, 그리고 자신이 맞이한 어려움을 먼저 겪고 해결한 사람들의 경험으로부터 힌트를 얻을 수 있다고 믿을 것이다. 그것은 사실이며, 지난날의 경험이 현재에 맞이한, 미래에 다가올 문제를 해결하는 데 도움을 준다는 것은 누구라도 공감할 것이다. 다만 이것은 누구나 아는 방법이며 그것을 답이라 믿고 선택하거나 따랐는데도 여전히 우리 삶은 문제투성이라는 게 현실이다.

그렇다면 답을 '만드는 것'은 어떠한가?

아, 이제야 좀 자기계발서에 어울리는 개념이 나온 것 같다. 답을 찾는 것보다 좀 더 능동적인, 그래서 '답은 스스로 만들어야 하는 것'이라고 결론짓고 끝내면 될까? 어쩐지 그것은 너무 무책임해 보인다.

그러나 알게 모르게 우리는 답을 만들면서 살아왔다.

내게 닥친 문제는 다른 사람이 완벽하게 해결해줄 수 없다. 더불어 나의 경험은 다른 사람의 것과 같지만 다르다. 어찌 되었건 오늘의 내가 있을 수 있는 것은 지난 날의 답을 찾아온 것도 있지만 스스로 답을 만들어 무언가를 해결해냈기 때문이기도 하다.

그러니 스스로에게 자부심을 갖고, 내가 어떻게 답을 만들어왔는지 알아차리는 게 매우 중요하다.

어떻게 답을 찾느냐보다 더 중요한 것!

좀 더 본질적인 질문을 던져야 할 것 같다.

위에서 우리는 답을 찾거나 만들어간다고 했는데, 그렇다면 우리는 왜 그래야 하는가?

사실, 이게 좀 더 본질적이다. 어떻게 답을 찾는가 보다는 왜 찾아야 하는지를 알아야 좀 더 우리가 원하는 답에 가까워질 수 있다. 그런데 우리는 답을 찾는 데만 혈안이 되어서는 '문제'가 무엇인지를 잊는다. 말 그대로 주객이 전도되는, 웃지 못할 상황이 발생하는 것이다.

답이 있다는 건 질문이 있다는 것이다.

그리고 그 질문은 문제에서 비롯된다. 우리가 삶에서 맞이하는 선택의 기로, 어려운 상황, 해결하고 싶은 과제 등. 그러니 답을 찾기 전에 '질문'을 잘하는 것이 중요하다.

질문, 즉 문제점을 잘 정의해야 나에게 맞는 답을 찾거나 만들어낼 수 있는 것이다.

정답을 모를 땐 질문을 바꿔라

《직장 내공》 저자 강연을 할 때면 많이 받는 질문이 있다. 사람 때문에 직장생활이 힘들다는 하소연이다.

"이 사람이 이러는데, 나는 어떡하죠?"

질문자는 답을 찾고 있다. 하지만 답을 찾긴 어렵다.

왜냐하면 '나'는 종속 변수이기 때문이다. 예를 들어, "상사가 퇴근할 때마다 일을 줘서 너무나 괴로워요."란 말 속의 나는 상사가 일을 주고 안 주고에 따라 행복하고 불행해지는 것이다. 그렇다면 '나'의 행복은 그 사람 손에 달려 있는 것이다.

좀 더 나에게 맞는 답을 찾기 위해서는 질문을 바꿔보는 것이 좋다.

이럴 때 '문제'는 재정의 된다.

질문자와 같은 상황에서, 나는 나를 어떻게 지킬 수 있을까?

질문을 이렇게 바꾸면 나는 보다 능동적인 존재가 된다.

상사가 일을 줄 것인가 말 것인가를 불안해하며 기다리는 것이 아니라 상사의 패턴이나 요구하는 자료를 분석함으로써 업무를 미리 준비할 수 있다. 또는 퇴근 시간이 아닌 이른 오후 중에 상사에게 "어떤 자료가 필요한지 알려주시면 미리 정성스럽게 준비하겠습니다."라고 이야기할 수 있는 여지가 생기는 것이다.

현실의 문제점 다시 바라보기

답을 찾기 위해선 질문을 잘해야 하고, 질문을 잘하기 위해선 문제점을 유심히 잘 살펴야 한다. 문제점을 제대로 보지 못하면 우리는 엉뚱한 질문에 따라 답을 못 찾고 헤매게 된다.

해서, 현실의 문제점을 재정의하고 정리할 때 즉, (좋은) 질문을 만들어내고자 할 땐 다음 세 가지를 유념해야 한다.

첫째, 문제의 중심에 '나'를 둔다.

결국 문제를 맞이한 것도 나고, 해결해야 하는 것도 나다. 앞의 예에서 언급했듯이, 나를 종속 변수로 두고선 문제도 해결되지 않고 답도 찾기 어렵다. 말 그대로 '자기 주도 학습'이 필요하다. 학원 수십 개를 다녀도 결국 본인이 공부를 하지 않으면 안 되는 것처럼.

둘째, 의미론적으로 접근한다.

세상엔 이미 답이 존재할 수도 있고, 우리가 만들어내야 할 수도 있다. 인생에서 필요한 답은 산수와 같이 딱 떨어지지 않는 경우가 많다. 때론 오답이라고 믿었던 것들이 돌아봤을 때 정답이 되는 경우도 있고, 그 반대인 경우도 상당하다. 그러니 우리는 답을 찾을 때 '의미'를 파악해야 한다. 지금 내가 찾은 답이 앞으로도 의미가 있을 것인지, 과거의 오답이 지금은 어떻게 해석되는지 돌아봐야 한다. 이렇게 열린 관점으로 질문에 임할 때보다 열린 답을 찾을 수 있다.

셋째, 방향을 잃지 않는다.

살아가다 보면 질문도 답도, 모든 것들이 판단하기 쉽지 않을 때가 있다. 도저히 제대로 된 질문을 하지 못할 때, 적절한 답을 찾지 못할 때 우리가 할 수 있는 가장 확실하고도 현명한 방법은 '방향'을 상기하는 것이다. 우리 삶의 방향 즉, 목적을 상기하고 질문과 답에 다가가는 것.

정답과 오답을 오가더라도 어찌 되었건 우리는 우리가 가고자 하는 방향으로 걸어가게 되어 있다. 그러니 너무 조급해할 필요 없다. 그리고 방향을 생각하고 선택한 질문과 답은 결국 정답에 가깝기 마련이다.

문제점을 정리하는 것.

문제를 해결하는 것.

답을 찾는 것.

답을 만들어내는 것.

결국, 이 모두가 나를 위해 스스로가 해야만 하는 중요한 과정이라는 것을 항상 잊지 말아야 한다.

내 삶은 내가 살아내야 하는 것이므로.

어떤 힘을 믿을 것인가

버텨야 삶이 지속되는 것이 아니라,
삶이 지속되니 버텨야 한다!

버팀목의 중요성

집을 지을 때 버팀목이 중요하다는 건 누구나 아는 사실이다. 버팀목이 있어야 그것을 토대로 흙을 쌓을 수 있고, 또 그것을 토대로 집의 뼈대와 틀이 완성된다. 버팀목이 없다면 '사상누각'이 될 것이 뻔하다. 아무리 멋지고 으리으리한 집도 버팀목 없이는 완성은 물론 시작조차 할 수 없다.

하지만 우리는 버팀목의 실체를 잘 알지 못한다. 그 중요성을 잊은 지 오래다. 지금 내가 집 안에서 이렇게 글을 쓸 수 있는 것도, 결국 버팀목이라는 존재가 있기 때문이다. 원래 중요한 것들은 잊히기 마련이다.

당장 공기를 생각해보자. 우리는 하루에 얼마나 공기

의 존재를 느끼는가. 한시도 숨을 쉬지 않은 적이 없는데, 한시도 공기의 존재를 느끼지 못하는 우리네 인간은 얼마나 교만하고 우둔한지 모르겠다.

'버팀의 진리'를 몸소 보여준 친구들

21세기 비틀스라는 수식어를 만들어낸 아이돌 그룹.

정말로, 지금까지 이런 아이돌은 없었다. 그래서일까. 그 친구들의 성공 요인을 분석하려는 많은 시도가 있다. 누구는 앳된 외모라 하고, 또 누구는 칼군무가 그것이라 한다. 어떤 이는 서사가 있는 노래가 성공 요인이라 하고, 또 다른 이는 영어가 섞인 가사가 공감을 이끌어냈다고 한다. 하지만 그 요인 하나하나, 아니 그 모두를 모아도 지금의 세계적인 신드롬을 설명할 순 없다.

　나는 조금 다른 관점으로 그들의 성공 요인을 꼽아보았다. 그들이 온전히 성공할 수 있었던 요인은 바로 '버티기'였다. 그렇게밖에 설명할 수가 없다. 그렇지 않은가. 그들이 방치된 연습생 시절이나, 이름을 갖고 조롱하던 사람들에게 굴복 당했거나, 설 무대가 없어 방황하던 그때를 버티지 못해 중도하차 했다면 어땠을까. 지금의 성공은 있을 수가 없다. 즉, 그들은 하루아침에 성공한 것이 아니라 성공할 때까지 버틴 것이다.

　그래서 난 '버팀의 임계점'이라는 말을 쓴다. 버티다 보면 뭔가가 이루어지는 시점을 말한다.
　버티는 과정엔 별것 없어 보이지만 그것들이 차곡차곡 모여 힘을 발휘하는 때는 분명 있다. 버팀목은 집의 작은 부분을 차지하고 있지만 그것이 기반이 되어 차곡차곡 쌓이고 결합되어 으리으리한 집이 되는 순간 말이다.

재밌는 것은 우리가 알게 모르게 '버팀의 임계점'을 일상어로 사용한다는 것이다. "살다 보니 별일이네.", "오래 살고 볼 일이네." 등이 그렇다. 아마 세계적인 성공을 이룬 그 아이돌 친구들도, 빌보드에 초대받았을 때 속으론 그 말을 되뇌지 않았을까.

버텨야 삶이 지속되는 것이 아니라

삶이 지속되니 버텨야 한다!

'버티라'는 말은 고루하다. 그저 참으라는 말로만 들려 반발이 생기기도 한다. 하지만 고루한 대부분의 말 속엔

변하지 않는 가치가 있다. 우리가 고전이나 인문학에 여전히 귀 기울여야 하는 이유다. 무작정 반발하기 전에, 그 '가치'만 쏙 빼먹으면 된다. 좀 더 현명하게 살기 위해선, 그런 센스가 필요하다.

내가 버티지 않으면 삶이 지속되지 않을 것 같다고 생각할 수도 있다. 하지만 달리 생각해보면 버텨야 삶이 지속되는 것이 아니라 삶이 지속되니 버텨야 하는 것이라고 보는 게 맞다. 그 누구도 우리가 왜 태어났고, 어디로 가고 있는지 알지 못하는 세상에서는 더더욱 그렇다.

그래도 분명한 건, (거듭 말하지만) 버티는 과정에 무언가가 쌓인다는 것이다. 그것을 알아차려야 한다. 삶은 진행되고 나는 버티고. 그래서 무엇을 쌓고 남기고 있는지를. 운동은 버티기의 좋은 예다. 무거운 추를 버텨야 근육이 생기고, 구역질이 나도록 어려운 구간을 버텨야 살이 빠지고 폐가 건강해진다. 나는 지금 내 몸에, 영혼에, 생각에, 마음에 좋은 것들을 남기고 있는가. 기껏 힘들게 버티면서 말이다. 아무 생각 없이 버티는 건, 그저 미련한 시간 낭비다.

슈퍼히어로에겐 저마다의 능력이 주어진다. 그러나 슈퍼히어로란 보통 사람들이 만들어낸 이상적 표상이란 걸 잘 안다. 우리는 슈퍼히어로의 힘을 부러워할 게 아니라 내 안에 어떤 힘이 있는지를 봐야 한다. 나는 '버티는 힘'이 가장 보편적이면서도 특별한 능력이라 생각한다. 어느 정도 버티는 힘은 누구나 가지고 있지만 그것의 진가를 알아차리고 이왕 버티는 것, 의미 있고 소중한 것들을 차곡차곡 쌓는 기회로 삼는 사람들은 정말로 특별한 능력을 지닌 것이다.

나는 우리가 그 힘을 믿었으면 좋겠다.

발견하고 매일을 알아차렸으면 한다.

그래서 살다 보니 일어나는 긍정적이고 놀랄 만한, 별의별 일을 자주 마주했으면 좋겠다. '버팀의 임계점'은 반드시 우리를 찾아오리라는 믿음과 함께!

왜 나는 이 시간을 견뎌내고 싶은가

세상이 나에게 던지는 벽돌로
든든한 기초를 쌓으면서

세상이 덮빌 때가 있다

뜻하지 않고 원하지 않은 것들이 마구 몰려오는 순간이다.

되는 일도 하나 없을 때, 몰려오는 온갖 불운 앞에서 나의 안위와 의도, 선의는 온데간데없다. 그저 저들이 해석하고 싶은 대로 내뱉는 말과 표현 그리고 못된 결과들이 나를 마구 짓밟는다. 그 짓밟힘 속에서 나는 고뇌한다. 과연 무엇이 문제인가, 세상은 나에게 왜 이러는가. 나는 무엇을 잘못했는가.

이러한 순간 우리에게 필요한 건 하나다. 반드시 견뎌내겠다고, 스스로에게 외쳐야 한다. 단, 그저 허공에 뿌리는 다짐으로 그치지 않기 위해선 견뎌야 할 이유를 찾아야 한다. 견딘다는 건 그저 웅크리고 나를 짓밟는 세상에게 몰매를 맞는 게 아니다. 그래 봤자 견디기는 오래가지 않는다. 세상이 덤비는 그 상황을 우리는 '인지'하고 '판단'해야 한다.

상처가 생겼을 땐 응급 처치부터 해야 한다. 세상의 공격에 생채기 난 마음과 멘탈은 '긍정적인 마음'으로 다스려야 한다. '충분히 괜찮다', '안 괜찮아도 괜찮다', '다 좋아질 것이다', '이건 과정이다'라는 스스로에 대한 위안은 마음을 차분하게 한다. 꽤 훌륭한 응급 처치다.

하지만 여기에서 멈추면 안 된다. 그것은 마치 이불을

뒤집어쓴 채 웅크리고는 모든 문제들이 자신을 비껴가 기만을 바라는 유아적인 사상이다.

응급 처치가 끝났다면 '냉철한 이성'을 떠올려야 할 차례다. 밑도 끝도 없이 '그래, 세상아 덤벼라' 하는 오기 나 '내가 그렇지 뭐, 무얼 할 수 있겠어'란 자괴감이 스 멀스멀 올라오기 전에 말이다.

잠시 시선을 바꾸어 나를 바라보는 CCTV가 되는 것 이 필요하다. '메타인지적 지식'이 필요한 순간이다. '메 타인지적 지식'은 무언가를 배우거나 실행할 때 내가 아 는 것과 모르는 것을 정확히 파악할 수 있는 능력이다. 즉, 내가 처한 상황을 정확히 판단하고 헤아릴 줄 알아 야 한다. 그래야 문제가 풀릴 수 있다.

인지심리학자들은 이렇게 말한다.

지식에는 두 가지 종류가 있다. 하나는 '내가 알고 있다는 느낌은 있는데 설명할 수는 없는 지식', 다른 하나는 '내가 알고 있다는 느낌뿐만 아니라 남에게 설명할 수도 있는 지식'이다.

두 번째 지식만이 실제 지식이며 사용할 수 있는 지식이다!

나는 왜 이 시간을 견뎌내고 싶은가에 대한 해답은 스스로에게 물을 때 나올 수 있다. 긍정적인 마음으로 응급 처치를 하고, 냉철한 이성으로 그것을 객관적으로 바라봐야 한다. 느낌만으로 끝나는 지식이 아니라 또 다른 남인 '나'에게 그것을 설명할 수 있어야 한다. 그래야 상황은 '지식'이 되고, 그것을 우리는 보다 객관적으로 '판단'할 수 있다.

가장 좋은 방법은 질문에 대한 대답을 써 내려가는 것이다.

지금 느끼는 '감정'을 노트에 적는다. 심리학에선 이를 '감정의 인지화'라고 한다. 마음속에 있으면 뭉뚱그려질 그것들을, 노트에 분노, 부끄러움, 당황 등의 단어로 적는 것이다. 이 과정을 거치면 '아, 내가 이런 감정을 느끼고 있구나. 그래서 마음이 불편하구나', '이런 감정을 느낄 때 난 이렇게 반응하는구나'를 알 수 있다.

그다음 '나'를 중심으로 한 상황이나 인물 관계도를 그려본다.

나를 해코지하는 사람부터, 뜻대로 되지 않은 상황들.

내 인생이라는 영화의 감독이 되어 시나리오를 써보듯이 말이다. 그러면 상황이 짐작되고, 내가 개선해야 하거나 받아들여야 하는 것들을 알 수 있게 된다. 보통은 나를 따로 떼어놓고 세상이, 사람들이 잘못된 거라 부르짖기 십상이지만 나를 떼어놓고는 아무런 해결책이 나올 수 없다. 그것은 마치 주인공 없는 영화와 같으니까.

그리고 마지막으로 진정 나는 왜 이 시간을 견디고 싶은가에 대해 생각해보고 적는다.

'살고 싶어서', '인정받고 싶어서', '두렵지만 용기를 내고 싶어서', '억울해서' 등. 우리는 생각보다 스스로에게 솔직하지 않다. 이와 같은 말을 입 밖에 낼 용기가 없다. 인정하려 들지 않는다.

하지만 글로 쓰는 건 그보다 쉽다. 내가 쓴 글을 두 눈으로 보며 한걸음 떨어져 객관화할 수 있게 된다. 객관화의 가장 좋은 점은, 그것을 인정하고 받아들일 수 있다는 것이다. 마치 다른 이의 걱정거리는 우리에게 아무 것도 아닌 것처럼.

세상은 우리가 살아가는 내내 덤빌 것이다.
그러니 우리는 늘 스스로에게 물어야 한다.
'왜 나는 이 시간을 견뎌내고 싶은가.'
자주 당하고, 자주 묻다 보면 스스로의 오답 노트가 완성될 것이다. 이것을 좀 더 잘 다듬다 보면 정답 노트가 만들어질지도 모를 일이다.

그 과정에서 우리는 다치고 회복하고 쓰러지고 또 일어날 것이다. 세상이 나에게 던지는 벽돌로 든든한 기초를 쌓으면서.

내가 원하는 것은 무엇인가

맹목적 추구가 아닌,

현재를 알아채고 받아들이는 것!

세상에서 가장 어려운 질문

'내가 원하는 것은 무엇인가?'

나는 이것이 세상에서 가장 어려운 질문이라 생각한다. 모든 사람들은 자신이 원하는 것을 이루어가며 살길 바란다. 그것이 곧 삶의 목적이라 믿는다. 갓난아기조차도 자신이 원하는 것을 얻기 위해 악을 쓰고 울어댄다. 나이가 들어가면서도 마찬가지다. 아기처럼 떼쓰며 울지를 못해서 그렇지 악을 쓰며 내가 원하는 걸 손에 넣으려 발버둥 친다. 그러나 세상의 잔혹함을 몇 번 경험하다 보면 아등바등해서 내가 원하는 걸 이루어낸다는 것이 얼마나 어려운지를 점점 깨닫게 된다. 인생의 아이러니는 참으로 혹독해서 하고 싶은 게 너무 많아도, 너무 없어도 문제가 된다.

다시 맨 처음 질문으로 돌아가 그것이 왜 어려운지에 대해 이야기하려 한다.

그 질문이 어려운 이유는 바로, 내가 원하는 것이 무엇인지를 모르기 때문이다. 무언가를 하고 싶어도, 내가 이것을 원하는지에 대한 확신이 없으면 사람은 기운이 없어진다. 무언가에 몰두하다가 정신 차려 보니, '이게 정말 내가 원하는 거였나?' 하며 허탈해진 경험이 한 번씩 다 있을 것이다. 그나마 이러한 회한을 느껴보기라도 하면 다행이다. 끓어오르는 열정이 있어도, 당최 내가 무엇을 원하는지에 대한 확신이 없으니 아무것도 하지 못하는 무기력감은 우리 삶의 최대 적이다. 그러니 원하는 것이 무엇인지에 대한 질문을 받았을 때 우리는 하염없이 쪼그라든다.

내가 원하는 것이 무엇인지 모르는 이유

대개 "그래서 네가 원하는 게 뭐야?"라는 질문을 받으면 다음과 같은 것들을 말한다.

'부자가 되는 것', '로또 1등 되는 것', '스포츠카 타는 것', '한강이 보이는 아파트를 사는 것', '직장에서 승승 장구하는 것' 등. 결국은 돈과 명예에 관한 것들을 늘어 놓는다. 그건 잘못된 것이 아니다. 당연한 것이며, 그것 을 바라며 사는 게 지극히 정상적이고 현실적이다.

하지만 돌이켜봐야 할 것들이 있다.

이러한 욕구나 욕망은 대개 내부에서 우러나온 것이 아니라 외부에서 온 자극인 경우가 많다. 유명 연예인의 집, 인테리어, 미디어에 노출된 부자들의 삶, 드라마에

나오는 젊은 임원까지, 그런 자극에서 만들어진 욕망. 실제로 주위에서도 아파트나 주식 투자로 돈을 벌었다든가 최연소 임원이 되었다는 소식도 종종 들려온다. 솔직히 말해, 나 또한 그런 이야기를 들은 날이면 하루종일 본업에 집중하기가 힘들다. 어서 빨리 내가 원하는 것을 쟁취하고, 원하는 곳으로 올라가고픈 욕구가 진정을 뚫고 요동하기 때문이다. 하루하루 계단을 올라가는 나를 비웃듯, 누군가가 로켓을 타고 저 높이 올라가는 모습을 보는 게 쉽지만은 않다.

이렇게 우리는 외부 자극에 의해, 내가 원하는 것의 리스트를 하나하나 늘려가고 있는지 모른다. 마음속에서 우러나온, 정말로 내가 원하는 것인지 아닌지를 알지도 못한 채.

내가 원하는 것을 알아내는 방법

외부에서 흘러온, 그리고 무언가를 소유하는 것이 내가 원하는 것이란 건 큰 착각이다.

실제로 이미 우리 삶에서 몇몇은 검증을 한 적이 있지 않은가. 누군가 핵인싸 아이템을 구매했다고 해서 나도 따라 사고, 누군가 성공한 재테크 방법을 따라 해 어느 정도 재미를 봤던 적이 있을 수도 있다.

그리고 그다음은? '내가 원하는 것이 무엇일까'란 질문에 또렷한 답을 할 수 있을까?

내가 진정으로 원하는 것을 잊고는, 오히려 다음 아이템을 찾거나 더 큰 재미를 좇는 내가 아닌 껍데기가 남을 가능성이 높다. 계속 물을 들이켜도 해소되지 않는

갈증처럼, 우리는 더 큰 공허함에 허우적댈 것이다.

내가 진정으로 원하는 것은 분명 내 안에 있다. 우리 안에 있다. 그것이 외부로부터 온 자극에 오염되었거나 스스로 꽁꽁 숨어 있을 가능성이 높다. 그리고 내가 원하는 것은 나의 '감정'과 많이 닮아서 이랬다 저랬다를 반복한다.

재밌는 것은, 어쩌면 우리는 이미 우리가 원하는 것을 하며 살고 있는지 모른다는 것이다. 삶에 지쳐서 깨닫지 못하고 있을 뿐. 예를 들어, 연예인들은 무명시절 무대에 서고 싶어 안달한다. 그런데 정작 무대에 서서 살인적인 스케줄에 쫓기다 보면 내가 뭐 하고 있나, 라고 번아웃되는 경우가 많다. 때론 그토록 바라고 바라던 연예인 생활을 내려놓기도 한다.

마찬가지로 대학생이라면, 직장인이라면, 육아를 하고 있다면 그 전 단계를 돌이켜보자. '고 3만 벗어나자. 대학만 가면 끝이야!', '취업만 되면 평생 몸 바쳐 일할 거야!', '아이를 갖고 싶다, 좋은 부모가 되고 싶다'란 생각을 했을 것이다. 모르긴 몰라도, 마음속에서 울려 퍼진 그 원함의 크기는 이루 말할 수 없었을 것이 분명하다.

그토록 원하던 일인데, 정작 우리는 현재의 고달픔에 지쳐 마음속에서 우러나온 목소리를 잊고 만다. 그러니 지금 우리가 있는 현실의 바로 이곳에서 이미 내가 원하는 것을 하고 있지는 않은지 스스로에게 묻고, 그것을 잽싸게 알아채야 한다.

그렇게 우리는 자꾸만 스스로에게 물어야 한다.

내면의 목소리를 듣고, 외부로부터 오는 자극에 동요하지 말아야 한다. '내가 원하는 것'은 말 그대로 내가 주체가 되어야지, 남들이 하는 걸 보고 그것을 원한다는 건 나를 내팽개치는 처사다. 지금 나의 모습은, 과거의 내가 원한 바를 내포하고 있다. 인생이 마음대로 안 되어서 그렇지, 부디 잘 되길, 내가 원하는 방향으로 살아가길 과거의 나는 현재의 나에게 바랐을 것이다. 현재의 나도 미래의 '나'가 잘 되길 바라고 있지 않은가?

누군가, 행복은 추구하는 게 아니라 허용하는 것이라 말했다.

나는 그 말에 빗대어, '내가 원하는 것'은 '(남을 따라) 추구하는 것'이 아니라 '알아채고 받아들이는 것'이라 말하고 싶다. 그리고 가장 큰 힌트는 내 마음속에 있다는 걸 잊지 말아야 한다.

어느 날 문득, 글을 쓰고 싶다는 생각이 번쩍 들었다.

글을 잘 쓰지도, 많이 써보지도 않았는데 그런 생각이 든 것이다. 내가 진정 원하는 것이 무엇인지 모른다는 자괴감과 무수한 고민들이 혼재되어 살았는데, 불혹을 지나고 나서야 나는 '글쓰기'가 내가 원하는 것 중 하나란 걸 깨달았다. 그리고 내가 그토록 힘겨워하던 일상과 고군분투하며 살아온 시간들이 소재가 되어 나의 글쓰기를 꽃피우고 있다.

내가 원하는 삶은 때론 이렇게 과거를 돌아보아 재조명하여 나에게 좋게 해석하고, 받아들이는 것도 꽤 의미 있단 생각이다.

일과 일상의 거리 두기

잠시 내려놓을 줄 아는 용기와
딴짓을 할 줄 아는 지혜

가끔 퇴임하신 분들을 사석에서 뵙는다.

지글지글 익어가는 고기와 자욱한 연기 속에서 술 한 잔을 기울이면, 그분들은 역시나 왕년을 이야기한다. 나는 그 왕년의 이야기를 좋아한다. 내가 존경하던 그분들이, 퇴임 후의 허무함과 의기소침함을 잊고 어린아이와 같이 신나 그 시절을 말하는 모습이 보기 좋기 때문이다. 더불어 그 이야기 속에서 나는 많은 것들을 배우고 깨닫는다. 듣고 또 들은 이야기라도 들을 때마다 매번 새로운 의미로 다가온다.

그런데 흥미로운 건, 신나게 하던 이야기 끝에 다음과 같은 표현을 하는 분들이 많다는 것이다.

"아, 그때를 생각하면 왜 그리 아등바등 살았는지 몰라!

지금 돌아보면 일이 전부가 아니었는데…."

누구보다 강성이었고, 오히려 열정이 지나쳐 후배들을 힘들게 했던 분들이었는데.

그럴 때마다 난 그분들에게 당했던(?) 것들을 떠올린다. 목이 타들어간다. 잔을 들어 불타는 목에 물을 끼얹으며 그 상황을 모면하고는, 그럼에도 애써 웃음 지으며 고개를 끄덕이고 만다. 당황스럽지만 어쩐지 이해가 되어서. 일밖에 모르던 그분들의 탄식이, 현직에 있는 나에게 많은 울림을 주는 순간이다.

멀리 볼 줄 아는 여유,
잠시 내려놓을 줄 아는 용기

'일'을 가진 누구나 '불안'을 가지고 있다.

직장인도 그렇고, 육아를 하는 부모나 공부를 하는 학생도 그렇다. '직업'이든 '일'이든 '공부'건 간에 무언가가 잘못될까 봐 모두 아등바등한다. 자신이 하는 일이 어느 정도 스스로의 정체성을 규정하기 때문이다. 더더군다나 오랜 시간 어느 분야에서 탑을 쌓은 사람들은 그것이 무너질까 노심초사한다.

지금의 나도 그렇다. 지금까지 해온 일들이 아무것도 아닌 게 될까 봐 매일이 두렵고 불안하다.

그렇게 아등바등하다 보면 확실히 시야가 좁아지는

것을 느낀다. 말 그대로 '근시안'이 되는 것이다. 지금 눈 앞의 일이 잘 안 풀리거나 제대로 마무리되지 않으면 세상이 무너질 것 같지만 시간이 지나고 보면 꼭 그렇지만도 않다. 항상 100점 맞던 학생이 80점을 맞고, 만날 인정받던 직장인이 한 번 대차게 상사에게 깨졌다고 해서 하늘이 무너지진 않는다.

그런데 근시안은 언제나 절망과 슬픔을 조명한다. 그것에 더 집중한다. 좀 더 멀리 보면, 오히려 그러한 상황을 이겨내고 앞으로 나가려 신발끈을 여미고 있는 자신을 발견할 수 있는데도 말이다.

유럽에서 주재원을 할 때였다. 해도 해도 끝나지 않고, 꼬인 실타래처럼 풀리지 않던 일을 마음 한 가득 담고는 너무나 답답해 사무실 근처를 맴돌았던 적이 있다.

눈을 들어 보니 하늘이 있었다. 주위를 보니 꽃이 있었다. 물이 있었고 바람도 불었다. 근시안을 벗어나니 많은 것들이 보였다. 그리곤 무언가 알 수 없는 마음의 여유가 생겼다. 이렇게 푸념만 한다고 뭐가 좋아질까. 내가 가지지 않은 건 물리적 시간이 아니라 마음의 그것이었다. 여유가 생기니 용기가 생겼고, 그 용기는 무겁게 들고 있던 근심을 그저 놓아버리게 했다.

아, 그런데도 큰일이 생기지 않는구나.

딴짓을 할 줄 아는 지혜

너무나 바빴던 주재원 신분이었기에 잠시 일을 뒤로하고 산책을 하는 것은 사치라 생각했다. 마음의 여유도 없을뿐더러 그러한 '딴짓'은 스스로 용납할 수 없었던 것 같다. 하지만 그 딴짓은 결국 더 나은 마음과 해결책을 가져다주었다.

스리니 필레이의 《멍 때리기의 기적》이란 책이 있다. 제목만 보면 가벼워 보이지만 최신 연구 결과를 총망라해 '비집중력 과정'이 얼마나 능동적인 마음의 기제인지를 역설한다. 딴짓 즉, 비집중은 뇌를 준비하고 충전하고 조정해서 필요한 순간 창의성을 발휘할 수 있도록 머리를 휴식시키는 과정이라는 것이다. 그러니 이제는 딴짓을 할 줄 아는 지혜가 필요한 시대가 되었다는 걸 상기하자.

하지만 '딴짓'은 '돌아옴'이 전제되어야 한다.

무거운 마음에 잠시 밖에 나가 산책을 하던 내가 사무실로 돌아가지 않았다면? 그건 딴짓이 아니라 일탈이다. 무언가 생산적이고, 나를 성장시키는 지혜로운 딴짓은 본업으로 돌아올 때 빛을 발한다.

일밖에 모르던 그 선배들은 퇴임을 하고 나서야 '일'과 '일상'에 거리를 두었다. 그리고 그때 하지 못했던 것을 후회한다. 왕년의 이야기 속에서 나는 그 의미를 끄집어내어 깨닫는다. 그분들이 하지 못한 걸 나는 해보고자 한다.

근시안을 벗어나 멀리 보려는 노력.

힘겹고 무겁게 들고 있는 근심과 걱정을 잠시 내려놓는 연습. 딴짓을 할 줄 아는 지혜.

그래서 결과적으로 '일'과 '일상'에 거리를 두고 나를 객관적으로 바라보는 의미 있는 시간을 갖는 것.

어차피 아등바등 살아야 한다면 그렇게 나를 지키며, 이유라도 알고 살아야 하지 않을까란 생각이다.

오늘 해야 할 일들이
나를 규정한다

어쩌면 우리 삶의
또 다른 설렘

사람이 살아가면서 가장 힘든 때는 언제일까

모르긴 몰라도 아마 '방황'할 때가 아닐까 한다.

무엇을 해야 할지 모를 때, 앞날이 막막하고 무엇을 해도 보람되지 않을 때. 가장 두려운 것은 그래서 '나'는 누구고, 왜 살고 있는지 모르겠다는 느낌이 들 때다. '자기 효능감'은 잃은 지 오래고 나는 무엇을 잘하는지, 무엇을 원하는지도 애매모호해지는 순간들. 정체성엔 혼란이 오고 우울함이 몰려온다. 슬럼프로 치부하고 싶지만 그 느낌이 너무 오래되어 영혼의 일부에 흡수된 얼룩같이 떨쳐내기가 쉽지 않다.

사람들은 대부분, 아니 모든 사람들은 하고 싶은 일을 하며 살길 바란다.

그런데 그 생각에서 오는 스트레스도 만만치 않다. 그 스트레스는 크게 두 가지로 나눌 수 있는데, 첫째는 지금 나는 하고 싶은 일을 하며 살고 있지 못하다는 것이고, 둘째는 내가 무엇을 하고 싶은지 모른다는 것이다. 답답함의 정도로 보면 후자의 스트레스가 더 크다. 뭘 원하는지도 모르겠는 삶은 앞서 이야기한 것처럼 정체성의 혼란을 가져다줄 가능성이 더 크기 때문이다.

이러한 혼란은 어쩌면 '하고 싶은 일'과 '해야 하는 일'을 마치 흑백 논리와 같이 양분할 때 일어난다.

'하고 싶은 일'은 행복한 것, '해야 하는 일'은 불행한 것으로 간주할 때 나타나는 삶의 불협화음. 우리의 삶은 사실 '하고 싶은 일'보다는 '해야 하는 일'이 더 많다.

'해야 하는 일'의 범주는 더 커서, 그 안에 '하고 싶은 일'이 포함되어 있다는 걸 사람들은 자주 잊는다. 반대로, '하고 싶은 일'이라는 핵심은 그것을 이루기 위해 훨

씬 더 방대한 범위의 '해야 하는 일'을 동반한다. 그 둘이 합쳐져야 비로소 실재가 된다.

해야 하는 일, 우리에게 꼭 필요한

재밌는 것은, 우리가 그토록 싫어 마다하지 않는 '해야 하는 일'이 우리 삶에 분명 도움이 된다는 것이다.

내가 무엇을 좋아하는지 모를 때, 정체성이 흔들릴 때 더 그렇다. 목적의식 없이, 자기 효능감 없이 눈 뜬 아침. 우리는 어찌 되었건 무언가를 하게 된다. 양치나 세수, 밥을 먹거나 화장실을 가야 하는 단순한 일부터, 꾸역꾸역 일을 하러 가거나, 일을 알아보거나 어제 미루었던 공부를 하기도 한다. 육아를 한다면 아이도 돌봐야 하고,

밀린 빨래나 설거지를 해야 하기도 한다.

동시에 직장인이라는 무거운 가면을 쓰고 힘겹게 출근한 곳에서 성취를 맛보기도 한다. 정신없이 육아를 하다가 아이들의 웃음을 마주할 땐 굳었던 마음이 무장해제되고, 미래가 보장되지 않아 어둠 속에서 공부하는 사람들은 전날보다 조금 더 오른 점수를 마주하며 보람을 느끼기도 한다.

삶에 지쳐 멈추고 싶을 때, 나도 모르게 뒷걸음질 쳐질 때 '해야 하는 일들'이 마라톤에서 뒤처지거나 등산에서 낙오하는 사람들을 등 뒤에서 떠밀어주는 것과 같은 역할을 하는 것이다.

'어떻게든 살아내야지', '하다 보면 잘 될 거야'라는 위로의 말까지 남기면서.

그러니 '해야 하는 일'을 나쁘게 볼 필요가 없다.

아니, 오히려 '해야 하는 일'은 '하고 싶은 일'에 조금 더 가깝게 해주는 또 다른 힘이라 함이 옳다. 정체성이 흔들려 왜 사는지도 모를 때, '해야 하는 일'은 어떻게든 우리를 규정하고 조금이라도 더 앞으로 나아가라고 알려주니까.

어차피 우리는 우리 스스로를 완벽하게 규정하거나 정의할 수 없다. 내가 되고 싶은 것, 돼야 하는 것, 남이 바라는 것, 사회가 요구하는 것 등의 수많은 변수 속에서 살고 있기 때문이다. 그러니 '해야 하는 일'을 꾸준히 하다 보면 순간순간 자신의 정체성을 깨달을 수 있고, 그것을 알아차려 좀 더 잘 다듬어 나가면 '하고 싶은 일'을 하는 스스로를 발견할 수 있을 것이다.

이도 저도 모를 땐, 그저 오늘 내가 해야 하는 일들에 흠뻑 집중해보는 게 어떨까.

괜히 자책하거나 아파만 하지 말고. 나는 오늘 무엇으로 규정될지를 설렘으로 맞이하는 삶의 탐험가인 척 하면서.

자기 확신을 가질 것

나를 믿는다는 것

나는 자라 내가 되었고,
나이 들어 또한 내가 될 것이다.

젊은 펜싱 선수가 올림픽에서 혼잣말로 국민에게 감동을 준 적이 있다.

결승전 도중 "나는 할 수 있다!"라고 홀로 읊조리는 모습이 화면에 잡힌 것이다. 실제로 그 선수는 남자 에페 개인전 결승에서 상대를 꺾고 1점 차로 금메달을 목에 걸었다. 세계 랭킹 21위의 젊은 검객이 랭킹 3위 헝가리 선수를, 그것도 대역전극으로 이긴 그 상황은 (과학적으로 증명할 수 없지만) 자기 확신의 영향이 컸다고 해도 전혀 이상하지 않다.

물론 금메달을 따지 못했더라도 그 선수의 혼잣말은 여전히 감동적이었을 것이나, 결과 그 자체가 자신을 믿어 의심치 않는 선수 내면의 힘을 증명해낸 것이다.

믿음은 바라는 것들의 실상이자 보지 못하는 것들의 증거다. 즉, 믿으면 보이고 보이지 않는 것은 믿음으로써 증명하는데, 이는 '강한 믿음'이 전제될 때 가능하다.

어쩌면 '나'는 그렇게 절대적이면서도 모호한 존재일 것이다. 거울을 보면 내가 있지만 그것이 나의 전부를 뜻하는 것이 아니고, 내 마음을 나도 모르는 때가 많다. 나의 영혼이나 생각은 눈에 보이지 않으며, 나라고 믿었던 특성들이 보기 좋게 바뀌기도 한다.

그러니 나를 믿으려면 웬만한 믿음으론 안 된다.

괴테의 《파우스트》는 자신을 너무도 확실하게 믿은 사람의 이야기다.

파우스트는 자신의 무엇을 보고 그렇게 큰 믿음을 가질 수 있었을까? 그의 똑똑함과 냉철함, 지식이 그에겐 믿음이었다. 더불어 점점 더 커지는 그의 자기 확신적 열정은, 주위를 돌아보지 않고 앞으로 내달리게 했다. 그러는 사이 많은 사람들이 피해를 보고 죽어나갔으며 그 또한 건강을 잃고 죽음을 맞이한다. 메피스토펠레스와의 영혼 거래에도 구원을 받은 그였지만 스스로를 너무 믿어 벌어진 일들을 돌이켜보면 자신을 어느 정도까지 믿어야 할까 혼란해지기까지 한다.

즉, 나를 믿기 위해서는 큰 믿음이 필요하지만, 그 믿음이 또 너무 크면 자만의 나락이나 나르시시즘으로 곡해될 수 있는 것이다.

나를 믿기 위한 다짐 세 가지

살아가면서 나를 믿는 것은 꼭 필요한 일이지만 그 정도를 가늠하는 것은 더 중요하다는 걸 나는 깨닫는다. 부족해도 안 되고, 넘쳐서도 안 되는 지혜. 살아가는 데 꼭 필요한 삶의 정수.

그래서 나는 스스로에 대한 확신을 다짐하려 할 때 다음 세 가지를 떠올린다.

첫째, 기준을 나로 둘 것.

'비교는 행복을 앗아가는 도둑'이란 말이 있다. 여기서 '행복'을 '자존감'이나 '자기 확신'으로 바꾸어도 꼭 들어맞는다. 나를 기준으로 하지 않은 비교는 나 스스로를 흔들리게 한다. 하지만 기준을 '나'로 두고 하는 비교는 발전의 밑거름이 될 수 있다. 열등감에 사로잡히느냐 남과 비교하여 더 발전할 것을 찾느냐는 기준이 어디 있느냐에 따라 갈리는 것이다.

《평균의 종말》이라는 책을 보면, 우리가 그동안 얼마

나 큰 평균의 오류에 빠져 있었는지를 알 수 있다. 평균이 이상적인 것이며, 개개인은 오류라는 그동안의 사고방식을 여지없이 깨부순다. 평균소득 이상이면 행복하고, 그 이하면 불행할까? 평균 키보다 크면 우월하고 작으면 열등한 것인가? '평균'이라는 잣대를 들이미는 순간 기준은 내가 아닌 평균이 되고 나에 대한 믿음은 사라진다.

기준을 '나'로 두라는 말은 이기적으로 살라는 말이 아니다. 주체가 되어 문제를 바라보고 그것을 받아들이고 해결하는, 좀 더 주도적인 존재로 다시 태어나기를 뜻하는 말이다.

둘째, 원칙을 가지되 융통성을 발휘할 것.

"그래도 지구는 돈다!"

이 말을 정말로 갈릴레이가 했는지에 대한 설이 많지

만 어찌 되었건 종교재판을 받고 나온 갈릴레이의 이 말엔, 자신의 믿음과 원칙을 강력하게 견지하지 못했다는 아쉬움이 고스란히 담겨있다. 하지만 난 갈릴레이가 원칙을 꺾었거나 스스로의 믿음이 약했다고 생각하지 않는다.

살다 보면 내가 추구하던 나와는 다른 행동이나 말을 하는 경우가 있다. 그럴 때 우리는 자신에게 실망하곤 하는데, 대부분 자신만의 원칙을 지키지 못했다는 자괴감 때문이다. 그 원칙은 단기적일 수도, 보다 장기적일 수도 있다. 예를 들어 '다이어트를 위해 밤 7시 이후에는 아무것도 먹지 않겠다'는 전자를, '나는 어려운 사람을 도우며 살 것이다'는 후자를 대표하는 다짐으로 들 수 있다. 하지만 몸이 아파 약을 먹어야 하는데 7시 이후라고 먹지 않거나 내 삶을 포기하거나 자신도 돌보지 못하면서 남을 도우려는 것을 두고 우리는 '원칙'을 지킨다고 할 수 있을까. 그것을 지키지 못했다고 스스로의 믿음을 저버리는 것은 얼마나 무모한 일일까.

세월이 흐르고 나이를 얻어가니 원칙에 대한 생각도 바뀐다.

원칙은 꼿꼿하게 서서 부러지지 않겠다, 물러서지 않겠다가 아니라 원칙에 따라 물러나거나 돌아가야 할 때를 아는 것, 때로는 원칙을 지키기 위해 원칙을 잠시 접어두어야 하는 때도 있다는 것이다.

원칙을 가진 융통성은, 결과적으로 내가 추구해야 하는 본질을 지킬 수 있는 큰 힘이 된다.

셋째, 남을 돌아볼 것.

나를 믿는다는 자기 확신은, '나'의 행복에 국한되지 않는다. 자기 확신이 '고집'과 '아집'으로 변질되면 신호가 오는데, 대개는 다른 사람들로부터다. 내가 다른 사람을 못살게 굴거나 다른 사람이 나를 괴롭히는 일이 발생한다. 그러니 혹여라도 사람들과의 갈등이 생기면 스스로를 돌아봐야 한다. 혹시라도 나에 대한 믿음이 적지는 않은지, 반대로 너무 넘쳐나지는 않는지.

그래서 나는 자주 스스로를 반성한다. 나의 열정이 과하여 다른 사람의 상황은 아랑곳하지 않고 무조건 달리진 않았나. 그것이 결국엔 잘못된 열정으로 불타오른 것은 아니었나. 또는 누군가의 자만에 나 스스로를 애써 구기고 쪼그라뜨린 건 아닐까.

남에게 미안하고, 나에게 미안한 일들은 삶에서 반복되지만 그러한 반복 속에서 우리는 자신을 믿는 정도를 가늠할 수 있게 된다.

나를 믿는다는 것.

쉽지 않다. 하지만 중요하다. 누가 대신해줄 수 없다. 그리고 숨 쉬는 내내 해야 한다. 때론 의심이 들더라도, 내가 나 자신을 버리고 싶을 때라도.

내가 웃으면 세상은 함께 웃고, 내가 울면 나 혼자 울게 되는 게 인생이다. 우는 나의 곁에 있는 건 결국 나이며, 세상과 이별할 때도 끝까지 곁에 있는 건 나 자신이다.

> "너무나도 많은 사람이 실제의 자신이 아닌 모습은 과대평가
> 하면서, 실제의 자신은 과소평가한다."
>
> – 말콤 포브스

나는 자라 내가 되었고, 나이 들어 또한 내가 될 것이다.

그러니 고개를 들고 걷고, 실제의 자신을 과소평가하지 말아야 한다.

나를 믿으면서, 믿어주면서.

아주 작은 성취를 맛보는 것

큰 목표일수록

잘게 썰어라!

스스로를 괴롭히는 가장 쉬운 방법

'자괴감'은 스스로 부끄러움을 느끼는 마음이다.

내가 밉고, 하찮게 느껴지고, 내가 나에게 실망하는 그 순간. 우리는 하루에도 얼마나 자주 자괴감을 느끼는가. 때론 그게 아주 당연하고 익숙한 것으로 느껴지기까지 한다. '내 주제에 무슨', '내가 그렇지 뭐…'라고 읊조리는 마음의 목소리는 언제나 그렇듯 꽤 조곤조곤하다.

그런데 스스로를 그렇게 괴롭히는 때를 돌아보면 대개는 높은 목표를 세워놓고 그것을 이루지 못했을 때다.

감정에 욱해서, 누군가에게 자극 받아서, 지금 이 상황을 벗어나려고 급하고도 과도하게 잡은 그 목표는 스스로의 목을 죄어온다. 예를 들어, 오랜만에 만난 사람이

"너 살 좀 찐 것 같은데?"라고 말하면 오늘부터 당장 한 끼도 먹지 않고 밖으로 나가 뛰겠다고 다짐하거나 그동 안 독서를 하지 못한 스스로를 자책하며 내일부터는 하 루에 1권, 한 달에 30권을 읽고 말겠다는 종류의 다짐이 그렇다. 장담하건대 그러한 목표는 절대 이루어지지 않 는다.

한 끼도 먹지 않겠다는 지키기 힘든 다짐은 맛있는 음 식과 먹어봐서 알고 있는 무서운 맛 앞에서 좌절된다. 책은 펼쳐보지도 못한 채 내일의 나에게 바통을 넘긴다.
문제는 거기서 오는 자괴감이다. 스스로를 하찮게 여 기며, 미래의 자신 또한 가망 없는 존재로 치부하면서 마음은 아프고 영혼은 시퍼렇게 멍든다.

어떻게 보면 우리는 우리 자신을 괴롭히는 데 고도의 기술을 가진 전문가가 아닐까란 생각까지 든다. 스스로를 괴롭히는 가장 쉬운 방법을 알고는, 언제든 그렇게 자괴감을 가지게 만드니 말이다.

큰 것만이 성취는 아니다

우리가 다람쥐 쳇바퀴 돌듯 그러한 다짐과 목표 그리고 자괴감을 세트로 자주 느끼는 가장 큰 원인 중 하나는 '성취'라는 것을 크게만 보기 때문이다. 완벽하지 못할 거면서 완벽을 추구하는 어리석은 인간의 원초적 본능도 한몫하는 것이 분명하다.

무언가 큰 것을 이루어야 내가 뭘 좀 한 것 같다는 생각은 착각이고, 또 무언가를 하기 위해선 완벽하게 준비하고 시작해야 한다는 건 오만이다. 그렇게 해서 결과적으로 성취란 걸 해본 적이 있기는 한가? 가슴에 손을 얹고 생각해볼 필요가 있다.

큰 것만을 좇다가는 정작 소중한 것들을 잃는다. 큰 성취만을 지향한다는 건 미래의 나를 전혀 고려하거나 배려하지 않은 처사다. '나'를 잃는 것, 내 마음을 다치게 하는 것만큼 어리석은 일이 어디 있을까. 가장 소중한 존재에게 우리는 막 대하고 있는 게 아닐까.

더불어 우리는 시간과 감정까지 잃는다. 이루지도 못할 목표를 만들 때 시간이 많다고 착각하고, 지금의 감정이 특정 어느 시점에도 유효하다고 자만하기 때문이다. 나 자신, 시간 그리고 감정을 잃거나 다치고 나서야 우리는 스스로가 파놓은 구덩이에 빠졌다는 걸 깨닫는다.

결국, 점들이 모여 모양을 이루고
의미를 만들어낸다

네온사인은 각각의 전구나 광원으로 이루어져 있다. 그 하나하나가 점멸을 하는데, 신기하게도 우리는 그것의 이미지나 텍스트를 읽을 수 있다. 점들이 모여 있는 것뿐인데도 말이다. '전체는 그 부분들의 합 이상'이라는 '게슈탈트 심리학 Gestalt Psychology', '형태 심리학'의 개념은 우리에게 '작은 성취'에 대한 힌트를 주고 있는 듯하다.

큰 성취만 바라보다 매일을 넘어지지 말고, 하나하나 작은 성취를 모아 점으로 찍어놓으면 개별 합 이상의 '의미'가 발생할 수도 있다는 것. 어찌 보면 참으로 설레는 일이기도 하다. 내가 이룬 작은 것들 하나하나가 모여 그만큼의 합이 아닌, 그 이상의 시너지가 난다는 건 얼마나 기대되고 남는 장사인가 말이다.

고백하건대 나 또한 스스로를 고문하기로는 타의 추종을 불허하는 사람 중 하나다. 목표는 높이 잡고 실행하지 못하고 큰 성취를 하지 못하는 나 자신을 평생 괴롭혀왔다. 그렇기에 난 항상 스스로 꾸준하지 못한 사람이라는 무의식이 저변에 깔려 있었다.

사람은 모든 것을 이루며 살 수 없음에도 그 이루지 못한 모든 것들에 내 꾸준함의 부족을 끼워 맞추면 성립이 되니 나는 나 자신에게 항상 주눅 들어 살아왔다. 하지만 글을 쓰게 되면서 전세가 역전되었는데, 연달아 책이 출판되면서 '나를 괴롭히던 나'와 '꾸준하지 못했던 나'는 전쟁을 멈추고 휴전 중에 있다.

나도 잘 이해되지 않는 부분이 있기는 하다. 꾸준하지 못한 성격임을 아는데, 어떻게 이렇게 글을 쓰고 몇 권의 책을 출간할 수 있었을까?

돌이켜보면 '작은 성취'의 연속이 이러한 결과를 만들어냈음을 자신 있게 말할 수 있다.

어떠한 목적이나 목표를 가지지 않고 그저 쓰고 싶을 때, 무언가를 표현하고 싶을 때만 글을 쓰고자 다짐했었다. 그것이 어느 정도 쌓였을 때 그때 가서 이것이 쓰레기인지 아니면 나의 자산이 될 것인지를 판단하자면서. 만약 내가 책 한 권을 1년 안에 내겠다는 생각을 했거나 하루에 글 10편을 쓰자고 '큰 성취' 달성을 목표로 했다면 나는 출간은커녕 또다시 나 자신의 꾸중을 들어야 했을 것이다.

또 한 가지 다른 점이 있다면 예전엔 '의욕'이 생기길

기다리는 일이 많았는데, 요즘은 그렇지 않다. 의욕이 생길 때 무얼 하는 것이 아니라 작은 일이라도 뭔가를 시작하면 오히려 '의욕'이 생긴다는 것을 깨달았기 때문이다. 사실 지금 이 글도 쓸까 말까 고민하다 무작정 첫 문장을 띄워놓고 써 내려가는 중이다. 나도 모르게 생기고 있는 '의욕'과 함께.

우리 뇌는 충분히 반복해서 행동을 입력하면 기억 세포를 만든다.

큰 것보다는 작은 걸 자주 해주는 게 오히려 더 도움이 된다. 그 행동이 구체적이면 더 좋다. 막연히 오늘 '살을 빼자'거나 '공부를 하자'가 아니라 만보가 힘들면 '천 걸음이라도 걷자'거나 영어 단어 100개를 외우자고 하기보단 '5개라도 확실히 알고자 하는 것'이 낫다. 러닝화 끈을 매고 밖으로 나가면, 책상에 앉아 책을 펴고 나면 의욕이 생기는 걸 사실 우리는 잘 안다. 그러니 자괴감에서 벗어나 자신을 조금 더 믿어줄 필요가 있다.

> "치밀하고 합리적인 계획은 성공하지만
>
> 어떤 느낌이나 불쑥 떠오른 생각에 의한 행동은
>
> 실패하는 경우가 많다.
>
> 큰 목표일수록 잘게 썰어라."
>
> – 디어도어 루빈

 역시 누군가는 이러한 진리를 이미 알고 후세를 위해
남겨놓았다.

 이 말을 보았다면 이제, 작은 성취라도 맛볼 시간이다!

나를 소중히 대하는 연습

나는 누구보다
'나'에게 뛰어나야 한다.

"깨어나 정신을 차림"

힘겹게 계단을 오르는 한 사나이.

세상 모든 울분과 억울함을 등지고 오르는 그의 뒷모습은 서글프다. 하지만 무언가를 깨닫고 난 뒤의 그는 신나게 춤을 추듯 계단을 내려온다. 그 모습이 너무나 즐거워 보여서 계단은 음악이 흐르는 무대가 되고 그의 몸짓 하나하나는 보는 이로 하여금 예술의 경지를 느끼게 한다.

영화 〈조커〉의 주인공 아서는 그렇게 세상에 자신을 맞추는 것을 멈추고, 온전히 그 자신으로 거듭난다. 깨어나 정신을 차리는 '각성'을 통해 그는 새로 태어난 것이다.

'나'와 마주하기

조커로 거듭난 아서의 행동은 정의와는 거리가 멀다. 그는 슈퍼히어로가 아니라 빌런villain, 악당이기 때문에.

악당으로 변한 그지만 눈여겨봐야 할 두 가지가 있다. 첫째, 그는 세상보다는 '자신'을 택했고 둘째, 그의 선택은 사람들의 공감을 샀다는 것이다.

역사적으로 조커는 악행을 일삼는 악당이었지만 이번엔 달랐다. 세상에 자신을 억지로 맞추려 영혼 없는 웃음을 짓던 한 사람이 자신만의 진실된 웃음을 찾아가는 순수한 자아였다고 해도 무방하다. 우리도 그렇지 않은가. 누구나 세상에 스스로를 맞추려 너덜너덜해진 영혼 하나쯤은 가지고 있다. 그러니 아서가 택한 조커라는 자아에 공감할 수밖에.

어디에나 배움이 있다는 걸 상기하면 조커가 나쁜 사람이냐 좋은 사람이냐를 떠나서 우리는 그를 통해 '나'를 마주하고, 마침내 스스로를 소중히 대했다는 것에 주목해야 한다. 물론 각성을 통해 세상을 등지고 일탈을 행하라는 이야기가 아니다. 그동안 나는 '나'를 마주할 기회를 많이 만들었는지, 소중하게 대하려 노력했는지를 돌아보자는 것이다.

이유를 모른 채 바쁜 일상, 세상에 맞추려 아등바등하는 사이 우리는 가장 중요한 '나'를 잊고 산다. 나 자신이 없는 하루는 허상이다.

내가 있어 모든 문제가 생기고, 내가 있어 우주가 있는 법. 그러니 우리는 깨어나 정신을 차려야 한다. 그것도 매일, 매 순간을.

자존감과 자존심 구분하기

나를 인지하고 소중히 대하는 가장 중요한 첫 단계는 자존감과 자존심을 구분하는 것이다.

그 둘은 자신에 대한 긍정이라는 공통점이 있지만 자존감은 '본연의 모습 그대로에 대한 긍정'을 뜻하는 반면 자존심은 '경쟁이나 남을 의식한 상황에서의 긍정'을 가리킨다.

예를 들어, 100m 경주를 하다가 넘어졌을 때, 1등을 하지 못했거나 사람들 앞에서 넘어졌다는 창피함에 자존심은 상하지만 그래도 스스로를 치켜세우며 그럴 수도 있다고 스스로를 다독이고 다음을 기약하는 건 자존감이다. 이처럼 자존심은 상대적이고 자존감은 절대적이다.

세상을 살다 보면 자존심 상하는 일이 너무 많다. 세상은 사람들과의 부대낌, 즉 경쟁으로 돌아가는 곳이기 때문이다. 그러다 보니 자존심이 상할 때마다 위축되고, 자존감마저 떨어지고 만다. 그러나 우리가 이 둘을 구분할 줄 안다면 자존심이 상할 때 자존감으로 그것을 극복할 수 있다. 자존감은 누가 뭐라고 해도, 어떻게 보더라도 나는 괜찮다고 스스로에게 말할 수 있는 용기와 같다.

나를 소중히 대하는 연습

취업준비생들을 대상으로 강의를 할 때면 그들의 위축된 어깨를 본다.

취업하기 힘든 세상. 그 위축된 영혼에 내가 감히 개입할 순 없지만 나의 취업준비생 시절을 돌아보면 어느 정도 이입할 수는 있다. 수백 개의 자기소개서와 광탈. 말 그대로 자존심은 상할 대로 상해 썩어버릴 지경인 시점에서 스스로를 소중히 생각하는 것은 매우 중요하다.

그래서 나는 때로 가장 좋은 옷을 입고, 자신이 가장 좋아하는 음식을 스스로에게 선물하라고 이야기한다. 내가 가진 가장 좋은 옷이 뭔지 고민하는 사이 '나'와 마주하고, 가장 좋아하는 음식을 맛보며 스스로를 대접했으면 좋겠다는 바람에서다. 나 또한 힘들 때면 이런 방법을 자주 실천하곤 한다.

이때 가장 필요한 것은 스스로 정체성을 찾으려 노력하고, 자신감을 갖는 것이다. 그 둘을 가진 사람은 덜 흔들린다. 외부의 잣대가 아닌, 자신에 대한 의문과 관심이 많은 사람이기에 그러하다.

정체성은 끊임없이 스스로에게 질문해야 확립할 수 있다.

정체성은 '확정형'이 아닌 '과정형'이므로 나도 모르는 나를 발견할 수도 있다. 그러니 하루라도 자신과의 대화를 이어가는 것을 게을리해선 안 된다. 잠시 눈을 감고 차분히 자신을 돌아보거나, 짧은 글이나 일기를 써서라도 자신과 대화하는 시간을 가져야 한다.

그리고 하루하루 자신감으로 무장해야 한다. 단, 자신감은 자신의 능력과 해결해야 할 과제의 난이도를 비교함으로써 형성된다는 것을 기억하기 바란다. 능력에 비해 과제의 난도가 높다면 자신감은 떨어지고, 반대로 자신의 능력을 실제보다 높게 평가하는 경우 자만에 빠질 수 있다. 부딪히고 깨달아가며 접점을 찾는 과정이 다름 아닌 나를 만나고 알아가는 시간이다.

아리스토텔레스는 다음과 같이 말했다.

"뛰어남은 훈련과 반복을 통해 얻어지는 예술이다.

사람들은 반복해서 행하는 것의 결정체다.

따라서 뛰어남은 습관이다."

나는 누구보다 '나'에게 뛰어나야 한다.

그 누구도 나보다 나에게 뛰어나선 안 된다. 그래야 내가 나를 존중할 수 있으며, 언제든 자존감을 발휘할 수 있다.

그러기 위해선 부단히 연습하고 또 연습해야 한다.

나를 소중히 대하는 연습을 넘어 그것이 습관이 될 정도로 말이다.

내 삶의 우선순위 만들기

무엇이 중요한지는 알고 살아야 한다.
이것이 우리 삶의 핵심 포인트다.

당신은 배를 운항하는 선장입니다

어느 교육에 참가했을 때다.

주제는 삶의 우선순위였다. 상황이 주어졌다. 나는 한 배의 선장이고, 그 배에는 30여 명의 승객이 있다는 것. 승객들의 이름은 가족, 믿음, 성실, 사랑, 평화 등 삶에서 필요한 30여 가지의 키워드들이었다. 배가 침몰하고 있고, 구명정엔 나를 포함해 5명만이 탈 수 있는 상황. 여기서 5개의 키워드를 선택하고 나면, 다시 구명정에 문제가 생겨 3개의 키워드로 줄여야 한다는 지시가 떨어진다. 선택의 선택을 거쳐 남은 세 개의 키워드들.

그게 뭐였는지 지금은 기억 나지 않는다.

아마도 남은 세 개의 키워드는 내게 큰 감흥을 주지

못했던 것 같다.

바쁘고 팍팍한 삶을 살다 보면 '내 삶의 우선순위가 뭐였지?'라며 고개를 갸우뚱하게 된다.

그러곤 앞의 방식으로 키워드나 문자 몇 개로 가늠해 보려 하지만 마음대로 잘 되지 않는다. 살다 보면 내가 버렸던 키워드가 갑자기 필요할 때가 있고, 간직하고 있던 우선순위가 뒤로 밀리는 경우도 있기 때문이다. 이러한 경험들이 쌓이니, 우리는 쉽사리 삶의 우선순위를 정하지 못한다. 불안한 마음은 그래서 더 흔들린다.

삶의 우선순위는 단순히 어떠한 가치에 등수를 매기는 것이 아니다.

그 이상이 되어야 하며, 보다 본질적인 것에 기준을 두어야 한다. '기준'이란 말이 나와서 말인데, 우리가 우선순위를 잘 가늠하지 못하는 가장 큰 이유는 자신만의 '기준'이 명확하지 않기 때문이다. 여기에는 그 '기준'은 불변해야 한다는 그릇된 고집도 한몫한다. 결론부터 말하면, 우리는 자신만의 기준을 가지고 살아야 하고, 그 기준은 합리성을 바탕으로 융통성 있게 변화시켜야 한다.

"삶의 우선순위를 정해놓지 않는다면

다른 사람이 내 삶의 우선순위를 정할 것이다."

널리 알려져 있는, 말 그대로 우리의 뼈를 때리는 이 격언은 삶의 우선순위에 대한 중요성을 거듭 뒷받침해 준다.

세상은 복잡 다난하다. 그래서 우선순위를 고르는 것이 어렵다. 모든 게 중요해 보이니까.

이럴 때는 관점을 잠시 바꾸어 봐야 한다. 어떻게 하면 우선순위를 잘 정할 수 있을 것인가.

우리는 모든 것을 잘하려는 욕심에 사로잡혀 있다.

해야 할 일이 한두 가지가 아니다. 하지만 그럴수록 '본질'에 집중해야 한다. 하려는 것의 '순위'를 매기는 것이 아니라 그것의 '가치'를 파악하고, '가치'의 우선순위를 찾는 것. '가치'를 파악하려면 시급성에만 의존하는 것이 아니라 중요성도 함께 고려해야 한다.

이것은 "왜 해야 하지?"란 질문에도 답이 될 수 있다. 남들이 하니까, 막연하게 해야 하니까가 아니라 그럴 만한 가치가 있기 때문에 하는 것이 수순이다.

이것을 언제 해야 하는가에 대해서도 생각해봐야 한다. 태생적으로 성격이 급한 우리네는 우선순위의 일이 정해지면 무조건 지금 해야 한다는 생각을 하지만 언제 그것을 해야 할까에 대한 답은 '가장 적절한 때'다. 즉, 때와 장소 그리고 내 상태를 봐가면서 해야 한다.

이렇게 무엇을, 왜, 언제 해야 할까에 대한 고민을 했다면 이제는 1) 판단하고 2) 더하거나 빼고 3) 실행하는 순서를 거쳐야 한다.

1. 판단

방을 정리한다고 생각해보자.

'이것은 버려야 하는 것일까?'

'아니, 언젠간 쓰지 않을까?'

이런 생각을 어느 물건 앞에서 한다면 그 판단은 이미 내려진 것과 다름없다. 고개를 갸우뚱하게 하는 건 답이 아니다. 과감하게 판단해야 한다. 확실한 것을 우선에 둔다.

2. 더하거나 빼기

> "지식을 얻고자 한다면 하루하루 무언가를 더하라. 지혜를 얻
> 고자 한다면 하루하루 무언가를 버려라."
>
> – 노자

'편집'은 고도의 기술이다. 영화도 편집에 따라 그 성패가 갈린다. 감독의 욕심과 관객의 수용도, 그 두 가지의 중간 지점에 머무른 편집이 영화를 흥행시킬 가능성이 높다.

마찬가지로 삶에 변화를 어서 빨리 가져오고 싶은 이상과, 이루어낼 수 있는 현실 어느 중간의 지점을 우리는 알아차려야 한다. 그러기 위해선 더할 건 더하고 뺄 건 빼야 하는데, 사실 우리는 무언가를 이루기 위해 더할 줄만 알았지 뺄 줄은 잘 모른다. 모든 것을 손에 쥐고 살아가려는 것은 불안한 마음에 드는 당연한 욕심이다.

하지만 'Decision'이 라틴어 'cis', 'cid'에서 유래되었고, 이 말들은 각각 '자르다', '죽이다'의 의미라는 것을 상기해보면, 이제는 똑똑하게 더하고 지혜롭게 빼야 하는 궁극의 편집 기술을 습득하기 위해 노력해야 한다.

3. 실행

가장 어려운 영역이다. 더불어, 나를 가장 초라하게 만드는 주범이다.

야심 차게 계획한 것들을 실행하지 못할 때 우리의 계획은 번지르르한 자신을 옭아매는 도구로 전락한다. 해서, 중요한 것은 '반복된 시도'다. 그리고 너무 높거나 엄격한 '기준' 때문에 도저히 나아가지 못한다면, 앞서 언급했듯이 기준에 대한 융통성을 가져야 한다. 그것을 조금 낮추었다가 점점 높이는 것도 방법이다. 세상도 혹독해 가뜩이나 힘든데, 내가 나를 괴롭힐 목적으로 기준을 높게 들이대는 건 스스로를 위하는 태도가 아니다.

삶의 우선순위를 정할 때 우리가 가장 중요하게 생각해야 할 가치는 '방향'과 '지금' 그리고 '자아'다.

지금까지 많은 것들을 말해왔지만 결국 우리는 우리가 살아가야 할 '방향'으로 나아가기 위해, 그리고 '지금'에 집중하기 위해, 마지막으로 '자아'의 실현을 위해 우선순위를 정하고 있다는 걸 알아차려야 한다.

삶의 궁극적인 목적, 지금을 알아채는 지혜, 나의 행복을 위한 여정.

우선순위엔 하나의 답만 있는 건 아니다.

하지만 무엇이 중요한지를 그때그때 알아차리며 살아야 한다. 이것이 우리 삶의 핵심 포인트다.

나를 지치게 하는 관계와 거리 두기

결국 '거리 두기'는
나를 지키기 위한 수단이다.

인생은 멀리서 보면 희극, 가까이서 보면 비극

찰리 채플린이 한 말이다.

나는 이 말에서 '희극'과 '비극'보다는 '거리'에 주목한다. 희극과 비극을 구분 짓는 요소가 '거리'이기 때문이다. 거리에 따라 어떤 모습은 기쁜 일이 되고 어떤 일은 슬픈 일이 된다. 참으로 재밌다. 그러니까, 어느 거리에 있느냐에 따라 인생이 달라지는 것이다.

그래서 나는 이 말을 아래와 같이 달리 해석한다.

"거리 두기는 아주 중요하며,

그것에 따라 인생은 희극이 되거나 비극이 된다!"

우리나라는 거리 두기에 서투르다. 자칫, 아웃사이더나 사회부적응자 또는 매정한 사람으로 분류될 수 있기 때문이다.

이는 우리나라 고유의 '집단주의'에 기반한다. 공동체 생활을 하며 생존한 민족이자 다른 나라 말로는 표현할 수 없는 '정'으로 똘똘 뭉친 사회. 더불어 유교사상에 기반을 둔 역사적 전통은 '인의예지신人義禮智信'을 바탕으로 사람 간의 도리를 강조함으로써 가족이나, 선배, 친구나 사회적 공동체와의 공생을 강조한다. 이러한 전통과 사상이 좋고 나쁨을 떠나 우리 사회를 유지하고 생존하도록 도움을 준 것은 사실이다.

깊이 고민해봐야 할 것은, 이제는 사회가 개인주의화 되고 있다는 것이다.

이러한 상황에서도 기존의 덕목들이 지속되고 강요될 수 있을까. 개인주의화는 우리가 서구 문명을 따라가는 것 이상의 의미를 갖는다. 즉, 개인주의는 인간 본연의 본성이다. 같이 있어야 살아남을 수 있지만, 살아남아 여유가 있는 존재는 혼자만의 시간도 가져야 한다. 우리보다 경제적 부와 여유를 먼저 가진 이른바 선진국인 서구 문명처럼 우리 사회도 결국 개인주의화될 수밖에 없다는 걸 인정해야 한다.

집단주의의 전통과 개인주의의 만남은 여러 사회 문제를 야기한다. 이 문제에서도 나는 '거리'가 주된 원인이라 생각한다. 이미 개인의 영역은 선이 그어져 있는데, 집단의 강요가 그 선을 자꾸 넘으려 할 때 문제가 발생하는 것이다. 물론 개인도 개인의 영역 범위를 너무 넓

히거나 불가침의 것으로 규정해버리면 스스로 문제를 야기할 수 있음을 인지해야 한다. 어찌 되었건 거리 조절에 실패하면 너도 나도 힘들다.

거리를 고려하지 않은 '충조평판^{충고, 조언, 평가, 판단}'은 인간관계의 피로감을 급증시킨다. 사회적으로 꼰대, 역꼰대^{도움이 되는 말도 무조건 배척하는 사람을 일컫는 말, 작가 주}가 대표적 사례다.

이는 타인뿐만 아니라 가족도 예외가 아니다. 상대의 감정을 생각하지 않고 유난히 훅 들어와서일까. 가족이라는 이름으로 생기는 수많은 피해와 상처의 골은 이미 사회 문제로까지 대두되고 있다.

거리 두기의 실천

'거리 두기'는 '기술'이다.

두 사람이 춤을 출 때 서로의 호흡을 잘 맞추고, 아름다운 모습으로 운동이 되는 춤이 되려면 일정한 거리가 필요하다. 때론 딱 붙었다가, 때론 멀리 떨어지고, 또 때론 적당한 거리에서 아름다운 기교를 부리듯 '거리'가 있어야 두 사람은 춤을 출 수 있다.

나는 '거리 두기'를 '배려'라고도 말하고 싶다.

누군가의 방에 들어갈 때 우리는 노크를 한다. 누군가의 마음에 들어가려면 그보다 더 큰 무언가를 해야 한다.

《직장 내공》에선 상대방을 내 맘대로 바꾸려 하는 시도에 다음과 같은 설명을 덧붙였다.

"형법 319조에 따르면 주거침입죄는 "3년 이하의 징역 또는 500만 원 이하의 벌금에 처함(미수범도 처벌함)"이라고 되어 있다. 그렇다면 '존재 침입죄'는 어떨까? 다른 사람의 존재를 송두리째 바꿔놓으려 하는 생각 말이다. 그 형벌의 강도는 상상을 초월할지 모른다."

– 직장내공, 181p

즉, 거리두기를 하지 않는 것은 배려를 하지 않는 행위이고, 이것은 상대방의 존재에 '침입'하는 것과 다름없다.

마지막으로, '거리 두기'는 아주 가까운 사이에도 필요한 것임을 인정해야 한다.

나는 우리 아이들에게 세상에서 가장 중요한 것은 '자신'이라고 강조한다. 엄마도, 아빠도, 가족도, 아주 친한 친구도 아닌 너 자신이라고. 너 자신을 먼저 챙겨야 한다고 말한다. 나의 행복이나 존재를 위협하는 존재가 있다면 배척해야 하고, 그것이 설령 가족이나 부모라도 기를 쓰고 거리 두기를 해야 한다고 말한다.

거리 두기는 이처럼 상대방이 나에게 행해야 하는 것임과 동시에, 나도 상대방을 고려해야 하는 것이다. 아닌 것은 아니라고 말하고, 지금의 내 감정을 솔직하게 표현해야 한다. 특히 사회생활에선 무조건 마음을 열어 모든 것을 보여주기보단 반만 보여주는 연습도 필요하다. 나는 마음을 다 열었는데 너는 그렇지 않았다고 상처받을 일을 굳이 만들 필요가 없는 것이다.

또한 혹여 나는 누군가에게 거리 두기를 하지 않거나 배려가 모자라 피해를 주지 않는지 돌아봐야 한다. 나는 거리 두기에 매우 민감하면서, 남에게는 그렇지 않다면 그것은 비난을 받아 마땅하다. 게다가 내가 생각하는 거리와 상대방이 생각하는 거리가 다를 수 있다. 그 차이는 내가 어찌할 수 없는 것임을 받아들이고, 모든 인간관계를 완벽하게 가져가려는 욕심을 버려야 한다.

가장 핵심은 '나 자신'이다.

결국 '거리 두기'는 나를 지키기 위한 수단임을 잊지 않았음 한다.

그 거리에 따라, 내 인생은 '희극'이 될 수도 '비극'이 될 수도 있으니까.

더하고 비우는 연습

우리 삶에 필요한,
진정한 '정리'

살다 보면 마음먹은 대로, 생각한 대로 되지 않는 것들이 있다. 대표적으로 감정 조절과 습관이 그렇다. 반대로 생각해보면 그것들은 마음먹는다고 달라질 성질의 것이 아니다. 다만 이상을 추구하다 보면 현실은 그것을 닮는다는 인간 본연의 기대와 희망이, 잘 안되더라도 계속해서 마음을 먹게 하고 생각을 바꾸려 하는 게 아닐까 한다.

감정 조절이나 습관처럼 또 하나 마음먹은 대로 잘 되지 않는 게 있다. 바로 '정리'다.

하루는 날을 잡아 방 안에 있는 모든 서랍과 수납함을 열어 버릴 건 버리자고 마음을 먹었다. 그 과정을 지나고 나면 새로운 인생을 시작할 수 있을 거란 묘한 기대마저 들었다. 그런데 몇 시간이 지난 뒤, '정말 버려도 되나' 하는 의구심으로 모든 물건을 대하는 자신을 발견했다. 결국 버릴게 하나 없다며 꺼낸 물건을 모두 주섬주섬 제자리로 넣고 말았다. 재밌는 것은, 간혹 분기에 한 번쯤은 그러한 행동을 반복한다는 것이다. 별 소득 없이, 큰 정리 없이.

정리를 하는 심리적 이유

어찌 보면 꽤나 비효율적인 일을 정기적으로 하는 이유가 뭘까?

갑자기 시험 공부나 중요한 보고서 작성을 앞두고도

괜한 청소나 정리를 하던 모습이 떠올랐다. 심리학에선 이를 '욕구 불만의 회피'라 한다. 다시 출발점으로 돌아 감으로써 지금까지의 욕구 불만을 해소시킬 수 있다는 심리 작용이 그것이다. 무언가 다시 시작함으로써 지금 까지 하지 못한 것들을 무마함과 동시에, 새로운 다짐을 하려는 인간의 본능이다.

그러니 뭔가를 정리하고 싶다는 욕구가 생기면 내 마음을 먼저 돌아보는 것도 좋다. 뭔가가 꼬여 다시 시작하고 싶은 마음인지, 과한 스트레스를 받고 있거나 기분 전환이 필요한 것은 아닌지 살피는 것이다.

감정에 대해서도 이처럼 '정리'를 하는 행위와 과정이 분명 큰 도움이 된다.

정리 잘하는 법

한 유명 정리 컨설턴트는 정리가 어려운 이유를 크게 세 가지로 나누었다.

첫째, 정리할 시간이 없다.

둘째, 정리를 제대로 배운 적이 없다.

셋째, 움직일 힘이 없다.

나는 여기에 하나를 더 넣고 싶다.

바로, '더하고 비울 것을 잘 모른다.'

정리하고픈 많은 것들을 끄집어냈다가 망연자실하게 도로 넣었던 기억을 떠올려보면, 결국 나는 무엇을 더하고 무엇을 비워야 하는지를 몰랐거나 결단을 내리지 못한 것이다. '언젠간 필요하지 않을까', '그래도 나와 몇 년을 함께 했는데'란 미련. 과감하게 수납장 하나를 마련하여 정리를 하면 되는데, 필요한 건 정작 구하지 않는 요상한 오기.

플러스와 마이너스는 수학에서는 아주 쉬운 기호지만 실생활에서의 그것은 생각보다 큰 고민을 하게 만든다.

다시, 전문 컨설턴트의 정리 비법으로 돌아가면, 그의 비법 자체는 그리 어렵지 않다.

첫째, 목적에 맞게 비워라.

둘째, 물건에 가치를 담아라.

셋째, 적절하게 수납하라.

머리로는 쉽게, 정말 쉽게 이해된다. 하지만 정작 실천이 어려운 건 바로 '더하고 비울 것'의 정의 때문이다. 그러니 정리를 잘하려면 먼저 '더하고 비울 것'에 대한 연습을 해야 한다. 더하지 못하고, 비우지 못하는 건 마음의 문제다. 정말로 무언가를 새롭게 시작하려면 좀 더 과감해져야 한다.

서랍 속에 있는 작은 것들

1년 이상 쓰지 않은 거라면 과감하게 한 번 버려보자. 필요하다면 수납에 필요한 물건을 더해보자.

　더하거나 비운다는 건, 어떤 변화를 말하는 것이다. 그리고 변화는 '시작'에서 출발한다. 작은 메모지나 쓰지 않는 볼펜 하나라도 우선 버려보면, 무언가 시작한 것이고 변화할 준비가 되었다는 뜻이다.

그렇게 더하는 것과 비우는 것에 익숙해지면 이것을 어디에나 응용할 수 있게 된다. 사람 관계부터, 삶의 방식까지. 목적에 맞게, 가치를 담고, 적절하게 사람을 만나야 하고, 그러기 위해서는 다시, 잘 더하거나 비워야 한다. 우리 주변에는 더해야 할 사람도, 비워야 할 관계도 참 많지 않은가.

더하고 비우는 것의 가치는 미학이며, 그 미학이 우리 삶을 좀 더 편안하게 해줄 거라 나는 믿는다.

정리를 하고 싶을 땐 마음을 돌아보고,

비법을 통해 정리를 잘하고,

더하거나 비우는 연습을 하며,

그것을 인생에 활용하는 것.

바로 이것이 우리 삶에 필요한, 진정한 '정리'가 아닐까.

불확실한 오늘을 견디는 힘 4

변화를 두려워하지 않는다

매일을 기록하는 습관

적자생존 =
적는 자가 살아남는다.

기록은 인간의 본성이다

'타고 남'을 우리는 본성이라 한다.

인간의 본성은 인종과 문화를 초월한다. '기록'은 인간의 본성 중 하나다. 무언가를 적어 남기려는 것은 숨 쉬는 존재 중에서도 인간만이 가진, 말 그대로 종특이다. 단지 출산과 번식을 통한 생존이 아니라 문화를 만들어가는 그 모습이 오늘날 인류의 모습을 만들어낸 것이라 볼 수 있다.

인류 최초의 기록 흔적은 약 7만 3천여 년 전 그려진 그림이다. 스페인 남부에서 발견된 기존 기록보다 최소 3만 3천 년 앞선 돌조각을, 남아프리카공화국 진화학연구소에서 발견하여 네이처 학술지에 발표한 것이 그것이다. 연구원들은 이것이 우연히 새겨진 것이 아닐까 다각도로 분석을 했으나, 결국 그 흔적은 초기 인류가 의도를 갖고 도구를 이용해 그린 작품이라는 것을 증명해 냈다.

나는 여기서 '의도'란 단어에 주목한다. 기록은 인간의 본성이지만, 결국 그것은 의도를 내포하고 있는다는 것. 의도를 가지고 행동한 것에는 목적이나 목표가 있기 때문에 좀 더 깊이 바라봐야 하지 않을까.

너무나도 익숙한 진실, 기록하기

하버드대에서 진행한 '기록'에 대한 실험은 이젠 너무나

익숙한 사례다.

자신의 꿈과 비전을 기록한 집단과 그렇지 않은 집단을 몇십 년에 걸쳐 추적 조사했더니, 기록한 집단에서 성공한 리더와 부자가 많이 나왔다는 결과. 단 한 번의 행동으로 인생을 단정하거나, 무엇을 성공의 기준으로 볼 것인가에 대한 논제로 그 실험 결과는 다분히 논란이 될 수도 있으나, 어째 사람들은 '기록'에 대한 힘을 믿는 것으로 그러한 논란을 관대하게 잠재우는 것 같다.

기록이 중요하다는 것을 굳이 실험으로까지 증명할 필요가 있을까?

앞서 말했지만 기록하는 것은 인간의 본능이다. 아날로그 시대엔 일기가 있었고, 디지털 시대인 지금은 SNS가 있다. 무엇이 더 중요하고 고상하고 정성을 들이는가를 떠나서 '기록'은 현재 진행형이자 미래 확정형이다. 지금도 사람들은 무언가를 기록하고 있고, 내일도 그러할 테니까. 오히려 기록이 더 쉬워진 디지털 시대엔 기록물들이 차고 넘쳐 각종 기기의 메모리가 부족할 정도다.

어떠한 의도로, 무엇을 기록할 것인가

누가 뭐래도 우리는 지금 '기록'의 홍수에 살고 있는 것이다. 기록하는 그것이 중요하고 안 중요하고를 떠나서 사람들 각자는 무언가를 기록하기에 여념이 없다. 사진을 찍고, SNS에 일상을 기록하는 데 몰두한다. 안타까운 건 그러는 와중에 어떠한 의도로, 무엇을 기록하고 있는지를 잊고 있다는 것이다.

주객이 전도되면 삶은 혼란스러워진다. 살기 위해서

돈을 버는 것인데, 돈을 벌기 위해서 사는 것처럼. 내 의도를 분명히 하려고 기록하는 것인데, 우선은 기록하고 보자는 삶의 방식이 내 의도를 등한시해버리는 상황이 벌어진다. 물론 아무것도 안 하는 것보다는 뭐라도 기록하는 것이 더 낫다고 볼 수도 있다.

그러나 방향을 고려하지 않은 기록은 훗날 그것을 되돌아볼 때 내 인생에 도움이 안 된다. 열심히 골프공을 쳤는데 홀 반대로 쳤다면 어떨까. 열심히 많이 하는 게 중요한 게 아니라 어떠한 의도를 가지고 나아가야 하는지, 방향을 설정해야 우리는 비로소 잘 기록할 수 있다.

즉, 내가 어떠한 의도를 가지고, 무엇을 기록하고 있는지를 항상 스스로 알아차려야 한다.

적자생존 = 적는 자가 살아남는다!

'적자생존'은 '경쟁을 이겨내고 환경에 적응하는 것만 살아남는다'란 뜻이다. 같은 맥락에서 이 말을 '적는 자가 살아남는다'라고 정의해도 틀린 말은 아니다. 요즘 세상은 기록하고 적는 자가 살아남을 수 있다. 지금 삶이 힘들다면 무어라도 적어보는 게 좋다.

기록은 우리에게 어떤 변화를 가져다줄까.

첫째, 삶의 방향을 알려준다.

인류는 역사를 기반으로 살아왔다. 과거를 통해 오늘을 반성하고 내일을 그린다. 나의 기록물들은 역사가 되고, 나의 현재를 바라보며 내일을 꿈꿀 수 있게 한다. 빅

데이터의 시대라지만 그 많은 데이터들은 내 삶에 극히 일부만 도움이 된다. 원하지도 않는 정보를 내가 좋아할 것이라며 들이미는 그 데이터들은, 나를 잘 알고 있다고 착각하는 어설픈 존재의 표상이다.

반면 자신이 기록한 것이라면 (빅데이터가 아닌) '어느 정도'의 흔적만으로도 나에겐 충분한 의미가 된다. 그 기록은 내가 스스로 나에게 진실성을 가지고 적었거나 남긴 것들이기 때문이다. 후회하는 일은 반성을 하게 하고, 좋았던 기억이나 보람찼던 일은 미래를 밝게 한다. 즉, 내가 어떻게 흘러왔는지, 어디로 가고 있는지, 어디로 나아가야 하는지에 대한 (정답은 아니더라도) 훌륭한 힌트가 될 수 있는 것이다.

둘째, 내 마음의 상태를 마주하고 객관화할 수 있다.
'메타인지'는 70년대 심리학자인 존 플라벨이 주창한

용어로, 자신의 인지 과정을 한 차원 높은 시각으로 관찰·발견·통제하는 정신 작용을 말한다. 즉, 자신의 생각에 대해 판단하는 일종의 자아성찰로, 자기 객관화라고도 할 수 있다. 자기 객관화를 하면 감정을 바라보고 불안을 줄일 수 있다. 사람은 보통 자신이 느끼는 좋지 않은 감정이나 불안을 의식적으로든 무의식적이든 피하려는 경향이 짙다. 마주할 용기가 없고 불쾌하기 때문이다. 이것을 객관화하면 자신을 좀 더 들여다볼 수 있고, 그 감정과 불안에 대처할 수 있다.

제삼자의 입장에서 보면 닥치지 않은 것에 대한 걱정이나, 중요한 선택 앞에 우유부단한 자신을 있는 그대로 받아들일 수 있다. 마치 우리가 다른 사람의 고민 상담에는 쿨하고 쉬운 조언을 해주는 것처럼.

이처럼 메타인지를 하거나 자신의 감정을 마주하기 좋은 방법이 바로 그것을 '기록'하는 것이다. 꼭 일기를 쓰거나 장문의 무언가를 쓰지 않더라도 지금 자신의 감정을 노트에 '분노', '화남', '불안', '행복', '기쁨' 등으로 써서 나열하면 그 감정은 느끼는 것에서 인식하는 것으로 바뀐다. 엔진이 과열된 자동차에서 내려 잠시 엔진을 식힐 수 있게 된다.

셋째, 다짐을 하고 실천을 하게 한다.

《마시멜로 이야기》로 유명한 호아킴 데 포사다 교수는 다음과 같이 말했다.

"기록은 행동을 지배합니다. 글을 쓰는 것은 시신경과 운동 근육까지 동원되는 일이기에 뇌리에 더 강하게 각인됩니다. 결국 우리 삶을 움직이는 것은 우리의 손인 것입니다. 목표를 적어 책상 앞에 붙여두고 늘 큰 소리로 읽는 것, 그것이 바로 삶을 디자인하는 노하우입니다."

그렇다.

뭐니 뭐니 해도 기록의 가장 중요한 의미와 사람들이 기록에 가지는 가장 큰 기대는 바로 '다짐'과 '실천'이다. 쓰면 다짐하고, 다짐하면 실천할 가능성이 높다.

물론 개인차는 있다. 기록하고 적는다고 모두가 성공하는 것은 아니다. 그렇기 때문에 앞서 강조한 것처럼 어떤 의도를 가지고, 무엇을 기록할 것인지를 고민해야 한다는 것이다.

기록하는 것은 또 다른 의미로 '미래 기억'을 형성하는 과정이기도 하다.

'기억'은 과거를 향해 있지만 이 단어 앞에 '미래'를 갖다 붙이면 그것은 강력한 '다짐'이 된다. 운동선수들이 이미지 트레이닝을 하는 것도 이 미래 기억과 관련이 깊다. 다짐을 넘어, 이미 그것을 이룬 것을 상상하며 지금의 내 역량을 최대치로 끌어올리는 것이다.

지금의 시대는 삶이 쉽지 않다. 변화무쌍하고, 속도도 빠르다. 살아가는 것이 아니라 살아내야 하는 시대. 그 변화와 속도를 따르기란 쉽지 않지만 마치 타임머신을 탄 것처럼 그것들보다 빨리 가거나 속도를 늦출 수 있는 건 '기록'이 아닐까 한다. 나의 기록에서는 '나 자신'이 중심이기에 가능한 일이다.

'나'를 잃은 기록은 순수하지 않다. 오염되어 허공을 맴돌지만 '나 자신'이 중심이 된 기록은 무게가 있고 덜 흔들린다. 그러니 꼭 장문의 일기를 쓰지 않더라도 오늘 나의 감정을 단어로 표현하거나 휘발성이 강한 번뜩이는 아이디어나 느낌들은 메모라도 하는 것이 좋다.

스스로 적어둔 이 '기록'들은 언젠가 큰 힘을 발휘한다. 그 힘을 믿고, 자신만의 의도를 가지고 기록한다면 분명 좀 더 나은 오늘과 내일을 맞이할 수 있을 것이다.

P.S.

20년 전부터 끄적여온 개인의 'Wish Note'를 펼쳐보았을 때

이루어진 것들이 많다는 건 굳이 하버드에서 실험을 하지 않

아도 내가 직접 경험한 삶의 진리다.

새로운 사람을 만난다

내가 누군가에게 새로운 사람이
되어줄 수 있다는 희망과 함께

시간 좀 내주실 수 있을까요?

'스타트업'이란 말이 막 생기기 시작했을 때다.

스타트업에 대해 많은 궁금증이 생겼다. 예전에 내가 알고 있던 벤처 기업과는 뭐가 다를까? 지금 내가 다니고 있는 직장과는 어떻게 다를까? 새로운 것에 도전하는 열정 가득한 사람들의 모습도 궁금했고, 그 에너지도 직접 느껴보고 싶었다.

SNS에 들어가 친구의 친구를 건너, 일면식도 없던 어느 분께 정중히 메시지를 보냈다. 다행히 그분은 내 의도를 잘 이해하고 흔쾌히 시간을 내주셨다. 그리고 당시 스타트업 액셀러레이터에 있던, 이제 막 시작한 사업의 취지와 스타트업의 특징들을 일목요연하게 잘 알려주셨는데, 당시 내가 하고 있던 일과는 전혀 다른 분야의 일에 대한 설명을 들으며 많은 것을 배우고 깨달았다.

이와는 반대로 서점에 깔린 내 책을 보고 연락을 주시는 분들도 있다.

가끔 그분들을 만나 이야기를 나누는데, 그 시간은 매우 알차다. 내가 스타트업을 하는 분께 연락을 한 것도, 또 내 책을 읽고 나에게 연락을 주신 것도 모두 어떠한 열망에 의한 것이기 때문이다. 그리고 그 열망은 '변화'와 관련이 깊다는 결론이다. 내가 있는 곳에 집중하고 최선을 다해야 하는 것은 맞지만 그것에 골몰해있으면 고일 수 있다.

눈을 들어 우물 밖을 보고, 변화의 바람을 쐬어야 한다. 그러니 새로운 사람들을 만나는 것은 변화의 바람을 맞이하는 인생의 환기와 같은, 아주 중요한 시간이다.

변화를 위한 용기

영국의 수상이었던 윈스턴 처칠은 다음과 같이 말했다.

"우리가 개선해야 할 것은 곧 변화하는 것이고,
'완성'하는 것은 자주 바뀌는 용기를 갖는 것이다."

변화는 변질을 뜻하지 않는다.

우리는 충동적인 결정이나 변덕스럽고 인위적인 바꿈을 변화라 일컫지는 않는다. 또한 변화는 나에게서부터다. 외부의 변화에만 맞춰 가다 보면 삶은 피폐해진다. 내가 먼저 변하거나, 외부의 변화에 부응하여 나를 변화시키는 주체적 태도가 필요하다. 이러한 측면에서 '변화'라는 단어와 의미 그리고 상황은, 자신의 가치를 잃지 않는 한 우리 삶에서 꽤나 긍정적인 요소다.

우리는 대개 삶에서 어떤 큰일을 맞이할 때가 변화해야 할 때라고 생각하는 경향이 있다. 그것은 분명 맞을 때도 있고 아닐 때도 있다. 고여 있어서 맞이하는 위험도 있지만 변화를 거듭한다 해도 모든 것이 내가 원하는 대로 흘러가진 않기 때문이다. 다만 변화의 바람을 쐬다가 맞이하는 큰일과, 손 놓고 있다가 맞이하는 그것에는 큰 차이가 있다.

그러니 우리는 변화를 위한 용기를 상기해야 한다.

나는 지금 어디에 고여있는 건 아닐까. 한 곳에 진득하게 머물러 전문가적인 식견을 가지는 것도 필요하지만 한 자리에 지나치게 오래 머물면, 즉 고여있으면 썩을 수도 있고 무언가로 변질될 수도 있기 때문이다. 새로운 물을 섞고, 바람을 쐬고, 버려야 할 것은 버리는 시도. 즉, 변화를 받아들이고 실천하는, 실행의 용기가 필요하다.

새로운 사람을 만나는 용기

새로운 사람을 만나는 것은 분명 삶을 변화시키는 데 큰 역할을 한다.

나와는 다른 일을 하는 사람, 다른 생각을 가지고 다른 이상을 찾아가는 사람. 그런 사람을 굳이 멀리서 찾을 필요는 없다. 우리 주위엔 배울 것이 있는 사람들이 너무나도 많다. 특히, 직장엔 나와 다른 목표를 가지고 다른 일을 하는 사람이 무궁무진하다. 그들과 차 한잔을 하는 시간은 어쩌면 내 삶에 큰 변화를 가져다줄지도 모르는 소중한 순간이다. 평소 말 한마디 하지 않던 타 부서 사람이 있다면 용기를 내어 차 한잔 해볼 것을 권한다.

직장인뿐만 아니라 학생이나 주부, 모든 사람들에게도 이러한 새로운 사람과의 시간은 필요하다. 당장, 어떤 사람이 내게 새로울 수 있을지 주위를 둘러봤으면 한다. 용기를 가지고 누군가 새로운 사람을 만나면 변화의 지혜는 물론 삶의 더 큰 용기를 얻게 되는 작은 기적을 맞이할 수 있을 것이다.

무작정 연락을 하긴 했지만 감사하게도 시간을 내어주어 나를 만났던 그분은 지금도 사업적으로 승승장구하고 있다.

어쩌면 그분도 나를 만나 어떤 변화의 포인트를 찾았을 수도 있겠다. 꼭 그랬다면 좋겠고, 그렇게 믿고 싶다.

나 또한 그분과의 만남을 통해 긍정적인 변화의 자극을 받아, 내가 하는 일을 새롭게 바라보며 매진할 수 있었기에.

새로운 사람을 만나는 것은 이렇게 중요하고 의미 있는 일이다.

그리고 내가 누군가에게 새로운 사람이 되어줄 수 있다는 희망도 갖게 된다.

그러니 변화는 오늘도 가져야 하는 용기이자 삶의 지혜란 걸 잊지 않도록 새로운 사람을 많이 만나보는 건 어떨까.

변해가는 세상을
현명하게 만나는 방법

변화는 빠르지만 우리는 그것을
차분히 받아들여야 한다

트렌드 코리아

독자들은 매년 다음 해의 숫자를 넣은 동명의 책을 기다린다.

올해도 어김없이 그 책은 출판되어 어머어마한 판매 부수를 기록하고 있다. 그 어마어마함은 빠르게 변하는 세상에 대한 사람들의 두려움과 불안으로 치환할 수 있지 않을까. 변해가는 세상을 먼저 만나려는 바람의 크기를 보여주면서.

사람들은 은연중 세상의 변화를 두려워한다. 혹시라도 뒤처질까, 트렌드를 몰라 소외되지는 않을까 하는 두려움이리라.

세상의 변화는 늘 빠르다. 그 속도는 주체할 수 없을

정도다. 농경사회를 거쳐 산업혁명과 기술혁명을 이룬 현대 사회는 어디를 향하고 있는지도 모른 채 질주하는 모양새다.《사피엔스》의 저자 유발 하라리도 과연 이렇게 질주하는 인류가 마지막에 열 문은 천국의 것일지, 지옥의 것일지에 대한 의문을 던졌다.

세상은 더 이상 가만있지를 못한다

속도는 관성을 내포한다.

현재의 속도보다 더 느려지면 불안이 창궐한다. 그러니 세상의 변화는 더 빨라질 수밖에 없다. 말 그대로 가만히 있으면 이상한 세상이다. 세상도, 사람도, 그리고 우리 인생도 그렇다. 그러니 사람들은 변화의 속도가 늦

쳐지길 바라기보단 그 속도에 부응하고자 한다. 때론 변화의 중심에 서고 싶어 한다. 선을 긋고 '인싸'니 '아싸'니 나누는 것도 미치도록 빠른, 변화하는 세상의 부산물일 뿐이다. 무언가 새로운 것을 받아들이지 않으면 내가 가만히 있어도 절로 선이 그어지는 것이다.

'온고지신溫故知新'이란 말이 있다. '옛것을 익히고 그것을 통하여 새것을 앎'이란 뜻인데, 지금은 옛것을 익힐 여유가 없다. 오늘의 것이 내일엔 바로 '옛것'이 되는 시대이기 때문이다.

하지만 나는 이런 시대일수록 조금 더 가만히 있을 수 있는 여유와 과감함을 길러야 한다고 생각한다. 무언가를 돌아보지 못하는 시대와 상황은 위험하다. 자칫, 방향도 모르고 그대로 질주하는 위험한 존재와 같다. 또는 좋은 음식이라는 미명 하에 위장에 온갖 것들을 욱여넣고 소화도 못 시키는 위험한 모습이기도 하다.

요즘은 정보의 '질'이 문제가 아니다. 좋은 정보가 그 득한데, 문제는 그게 너무 많다는 것이다. 지금 우리는 '변화'에 대한 불안 때문에 질주하고는 있으나 어디로 가는지 모르고, 좋은 것을 먹고는 있는데 소화를 시키지도 못하는 셈이다.

변해가는 세상을 차분히 만나는 방법

요즘 시대는 '성공'보다 '성장'이 화두다. 과거 늘 성장하던 때는 그 열매를 따먹으며 '성공'을 수확했다. 하지만 성장이 멈춘 지금 개개인의 초점은 개인으로 향한다. 예전엔 먹고사는 데 사력을 다했다. 평생 잘 먹고 잘 사는

게 목표였다. 하지만 지금은 평생 경험하고 배우는 시대 즉, 사회가 아닌 나를 성장시키는 것이 '선'이 된 시대다.

그러니 변해가는 세상을 잘 받아들여야 한다. 그것도 차분하게 잘. 변화가 무서운 시대에, 나는 어디로, 얼마의 속도로 나아가고 있는지를 잃지 않기 위해서 말이다.

그렇게, 변해가는 세상을 '차분히, 현명하게' 만나기 위해선 다음을 잊지 않는 게 좋다.

첫째, 신문과 책을 가까이한다.

당연한 말이다. 누구나 알고 있지만 아무나 실천하지는 않는 일이기에 다시 말하는 것이다. 특히 신문은 현시대를 투영하고 미래를 가늠한다. 기사 하나는 기자가 아이템을 고민하여 편집회의를 통과하여 나온 결과물이다. 그 기사 하나가 나오기까지, 수많은 고민과 절차가 있었으니 그 결과물을 가볍게 보아선 안 된다. 게다가 오늘자 신문의 기사는 생생함 자체다. 내가 아는 내용이라도 어떠한 관점에서 써졌는지 비평하는 자세로 읽는 것이 좋다. 내가 모르는 내용이라면 겸허하게 받아들이되, 그 기사가 나온 전후 문맥을 따져보는 것이 좋다. 그러면 세상의 변화에 대한 힌트를 얻을 수 있다.

책은 말할 것도 없다. 꼭 정보를 얻어내야겠다는 마음이 아니더라도 책을 가까이하는 것만으로도 안도감을 얻을 수 있을 것이다. 정 시간이 없다면 서점에 가서 베스트셀러 책의 제목만이라도 훑어보는 시간을 가져보자. 사람들의 관심은 무엇이고 어떠한 책이 많이 나가는지를 보면 시대의 바람과 결핍, 나아가는 방향을 조금이라도 가늠할 수 있다. (실제로 서점에 가면 몇 권의 책을 집어들 가능성도 매우 높다!)

둘째, 변화 속에서도 변하지 않는 것들을 알아챈다.

변화는 요즘 세상의 미덕이지만 사람들이 간과하는 것이 있다. 그건 바로 '변하지 않는 것'이다. 세상에 변하지 않는 것은 없다고 반문할 사람도 있겠다. 하지만 좀 더 본질적으로 생각해보면 변하지 않는 것들도 분명 있다. 예를 들어, 사람의 '욕구'가 그렇다. 사람의 '욕구'는 변할 수 있지만 '사람은 욕구를 가지고 있다'라는 사실은 변하지 않는다.

시대의 변화는 '욕구'의 변화다. 즉, 욕구가 어떻게 변하느냐에 따라 시대의 트렌드도 변한다. 조선 시대엔 입신양명이 사람들의 주된 욕구였다면 지금은 건물주가 그 자리를 대신한다. 건물주가 되면 돈 걱정 없이 하고 싶은 것 하며 마음대로 여행을 다닐 수 있을 거란 생각 때문에.

욕구의 변화가 어떻게 시대의 변화를 이끌었고, 시대의 변화는 또 사람들의 욕구를 어떻게 변화시켜왔는지를 보면 참 재밌다. 과연 우리의 욕구는 앞으로 또 어떻게 변해갈까? 변하지 않는 것을 알아채야 변하는 것들에 대한 통찰을 얻을 수 있다.

셋째, 정체성을 찾으려 노력한다.

슈퍼히어로 영화에서 그 어떤 막강한 빌런보다 위험한 존재가 있다. 그건 바로 '정체성'을 잃은 슈퍼히어로다. 세상을 구해야 할 슈퍼히어로가 정체성을 잃으면 빌런보다 더 무섭다. 파괴력은 물론이고 우리를 위해 싸워줄 거란 소시민들의 마음을 가차 없이 짓밟는다.

우리는 슈퍼히어로는 아니지만 그 누구보다 우리의 '정체성'을 잃지 않고 세우려 노력해야 하는 존재다. (슈퍼 파워가 없으니… 아니, 정체성이 곧 우리에겐 거친 세상을 살아가게 하는 슈퍼 파워와도 같으니 말이다.)

특히나, 변화가 이리도 빠른 시대에선 더 그렇다. 거듭 말하지만 방향을 모르는 속도는 무섭다. 사람들은 '세상의 변화'라는 빠른 기차에 올라타려고 노력하는데, 몸만 올라타고 자신의 정체성이나 마음은 태우지 못하는 경우가 허다하다. SNS에서 유행하는 것, 남들이 말하는 신조어, 인싸가 되는 아이템을 추구하다가 결국 자신에게 맞지 않아 마음의 병이 드는 경우가 많다.

자신의 정체성을 찾으려 노력할 땐 단연코 '글쓰기'가 최고의 방법이다. 일기를 써도 되고, 잠시 앉아 메모지에 무언가를 끄적이는 것도 좋다. 나의 마음을 꺼내어 글로 써도 되고, 내가 쓴 글을 나에게 보내어 읽어도 된다. 지금이라도 이 글을 읽고 있다면 몇 줄 안 남았으니 읽기를 끝내고 아무 노트나 꺼내어 무어라도 써보길 권한다. 무얼 쓸지 모른다고 할 수도 있으나, 대개 무얼 써야 할지 모를 때가 진솔한 내 마음의 목소리를 글로 만날 수 있는 가장 좋은 순간이다.

삶에 있어 변화는 중요하다.

변해야 살 수 있고 생존하며 성장할 수 있다. 하지만 왜 변해야 하는지, 어디를 향해 변화해야 하는지에 대한 고민도 함께 해야 한다. 또한 변화의 중심에 '나 자신'이 있음을 자각해야 한다. 내가 없는 변화는 무용지물이다. 변화는 나를 위해서여야 하고, 내 것이어야 한다. 미치도록 빠르게 변하는 세상 속에서도, 그 변화의 주체가 나여야 함은 변하지 않는 진리다.

이 시대의 빠른 변화는 두려움의 대상이 아니다. 속도에만 온 신경을 쓸 때 변화가 무서워 보이지만 차분히 나를 돌아보며 그것을 맞이하면 분명 '변화'는 나에게 성장이라는 선물을 안겨줄 좋은 기회가 될 것이다.

그것이, 변해가는 세상을 차분하고 현명하게 맞이해야 하는 이유다.

관점 바꾸기

관점을 달리하는 연습은
수시로 해야 한다.

변화의 파도 위에서 누가 살아남을 것인가

"살아남는 것은 가장 강한 종이나 가장 똑똑한 종들이 아니라
변화에 가장 잘 적응하는 종들이다."

— 찰스 다윈

이런 말이 있다. "강한 자가 살아남는 게 아니라 살아남는 자가 강한 것이다."

앞서 언급한 찰스 다윈의 말과 상통한다. 결국 살아남은 자는 강한 것인데, 그 강인함은 '변화'의 파도를 어떻게든 넘어왔단 이야기가 된다.

요즘 우리네 삶은 정말 빠르고, 그 속도 안에는 무수한 변화의 포인트들이 존재한다.

호모 사피엔스가 출현한 게 약 4만 년 전인데, 산업혁명 이후 지난 250여 년간의 발전은 인류의 삶을 급박하게 바꾸어놓았다. 이러한 트렌드를 볼 때 앞으로 20~30년 동안의 과학 기술 발전과 그 파급 효과는 지난 250년에 준하는 변화를 가져온다는 게 학계의 의견이다.

그야말로 정신 바짝 차리고 살아야 하는 세상에 있는 것이다.

변화를 위한 경쟁력, 관점 바꾸기

고대 그리스어로 '땅 위의 사자'란 이름을 가진 동물이 있다. 바로 카멜레온이다.

카멜레온은 시시때때로 몸의 색깔이 변하는 동물로

널리 알려져 있다. 주변에 맞추어 색을 바꾸기도 하고, 때론 감정을 표현하거나 의사소통을 위해서도 색을 바꾼다. '카멜레온처럼 변하는'이란 수식어는 이젠 일상이 되었다.

그런데 우리는 카멜레온처럼 몸의 색깔을 바꿀 수 없다. 신체 일부를 단기간에 진화론적으로 변화시킬 수도 없다. 결국, 우리가 변화에서 살아남을 수 있는 방법은 '관점'을 바꾸는 것이다. 그리고 이 방법은 우리가 알게 모르게 자연스럽게 택해온 생존의 방식이다.

불과 몇십 년 전만 해도 휴대폰이란 게 없었다. 그런데 이젠 남녀노소 모두 그것을 사용한다. 나이 지긋하신 분들도 점점 더 기계 사용에 익숙해지고 이모티콘까지 사용한다.

눈도 침침한 어르신들이 그토록 휴대폰 사용법을 배우려는 이유는 뭘까? 살아남기 위해서다. 지금은 휴대폰과 메시지가 없이는 살 수 없기 때문에. 그렇다면 그분들이 휴대폰 사용법을 익히기 전에 먼저 해야 하는 일은 무엇일까? 바로 관점의 변화다.

'나는 그런 거 필요 없어, 복잡하고 어려워서 사용하지도 못해'란 생각은 버리고, '이게 꼭 필요한 거구나'라고 받아들여야 한다. 그렇게 받아들이는 순간을 바로 '관점의 변화'라 할 수 있다.

심리학에선 사람들은 각자 '세상을 바라보는 마음의 창'이 있다고 한다. 그것의 이름을 '프레임'이라고 하는데, 프레임에 따라 세상은 달라 보인다.

낮잠을 자고 있는 친구에게 붉은색 셀로판지를 씌우고 "불이야!"라고 외쳐 깨우면 어떻게 될까. 그 친구는 일어나 눈앞에 펼쳐진 빨간 세상을 보며 정말로 불이난 줄 알고 혼비백산할 것이다. 실제 불이 나지 않아도 눈 앞에 펼쳐진 세상은 이미 불로 활활 타고 있기 때문이다.

나의 프레임에 무엇이 덧대어지느냐에 따라 세상은 이렇게 보일 수도, 저렇게 보일 수도 있다는 말이다.

관점을 달리하는 연습

사람은 누구에게나 신념이 있다. 맞다고 생각하는 것, 내 마음을 지키기 위한 기준.

하지만 그것이 변하지 말아야 한다는 걸 의미하진 않는다. 오히려 변하지 않는 신념은 위험하다. 그것은 독선과 고집, 아집으로 변질될 수 있다. 세상이 바뀌었는데 그것을 인정하지 않는 고집불통으로 남아있길 원하는 사람은 없다. 세상의 변화에 맞추어, 나의 관점을 점검하고 신념을 융통성 있게 만들어가는 것이 바로 이 세상에서 살아남을 수 있는 경쟁력이다.

하여, 우리는 관점을 달리하는 연습을 게을리해선 안 된다.

첫째, 자아성찰의 시간을 갖는다.

수시로 변화하는 세상에서 한 가지 바뀌면 안 되는 것이 있다. 그것은 변화하는 세상을 받아들이는 것은 바로 나 자신이라는 진리다.

> "우리가 만든 세상은 우리 생각의 과정이다.
>
> 우리의 생각을 바꾸지 않고는 세상은 바뀌지 않는다."
>
> – 알버트 아인슈타인

아인슈타인의 말처럼 세상을 받아들이고 해석하는 건 우리 자신이며, 결국 바뀌어야 하는 것은 우리의 생각이다. 그러니 우리는 자아성찰의 시간을 가져야 한다. 나는 세상을 어떻게 바라보고 있는지, 내 프레임은 무엇인지, 혹시라도 내 프레임 앞에 어떤 색안경이 덧대어져 있지는 않는지.

가만히 앉아 내 마음의 창문을 인식하고, 그것을 한번 열어보자.

둘째, 다른 사람의 입장을 헤아린다.

사람이 더불어 사는 것을 우리는 '사회생활'이라고 한다. 그곳에서는 여러 가지 갈등이 생겨나곤 하는데, 그것은 결국 각자가 가진 프레임의 충돌이라고 보면 된다. 내 맘이 너와 같지 않고, 너의 마음이 나 같지 않음을 여실히 보여주는 것이다. 이럴 때 기분만 나빠하기보다는 무언가 배움의 요소를 찾아내는 게 정신 건강에 더 좋다. 즉, 어떤 갈등이 일어났다는 뜻은 내 프레임을 점검할 수 있는 기회이며, 그것이 맞고 틀리고를 떠나 갈등을 해결하기 위해선 어떻게 해야겠다는 출발선에 설 수 있게 되는 것이다.

이렇게 다른 사람의 입장을 헤아리고 상대방의 프레임도 이해하려 노력하는 것은, 결국 내가 관점을 달리하는 연습을 하는 데 큰 도움을 준다.

셋째, 변화하는 세상을 공부한다.

어린 학생들의 선행학습이 문제가 되는 시대이긴 하나 그것이 없어지지 않는 이유가 있다. 그것은 미래에 대한 불안에 기인하며, 변화에 대한 충격을 줄이고자 하는 몸부림이다. 분명 잘못된 방향이라 할 수 있지만 뭐라 할 수 있는 성질의 것은 아니다. 사람이라면 의식적으로든 무의식적으로든 그러한 불안을 가지고 미리 대처하려는 본능이 있기 때문이다.

그러니 우리 또한 변화하는 세상을 공부해야 한다. 가

만히 앉아 변화의 큰 소용돌이가 왔을 때 충격을 받기보단 어떻게 변화해야 할지에 대해 미리 공부하는 것도 필요하다. 내가 모르는 분야를 공부하고, 새로운 사람을 만나며, 매일을 기록해보는 것. 그 과정에서 우리는 변화하는 세상을 볼 수 있고, 관점을 바꿀 수 있는 깨달음을 얻을 수 있다.

지금의 세상은 너무나 빠르게 변하고 있기 때문에 관점을 달리하는 연습은 수시로 해야 한다. 이러한 와중에도 가장 중요한 것은 역시나 '나'다. 내가 빠진 변화는 의미가 없다. 세상을 바라보는 내가 피폐하면 세상도 피폐할 뿐이다.

변화의 바람이 거세어 세상살이가 녹록지않더라도 변화에 앞서 가장 먼저 챙겨야 하는 것은 나다. 관점을 달리하는 연습은 중요하지만 '관점'이란 단어 자체에 '나'

가 포함되어 있음을 절대 잊어선 안 된다.

내가 있어야 세상도 있는 거니까.

내려오기의 기술

때를 알고 받아들이는 것,
'내려오기 기술'의 핵심

계단을 오르는 사람들의 뒷모습

삶은 마치 내려오는 에스컬레이터를 꾸역꾸역 올라가는 것 같아 보인다.

출근길이나 퇴근길, 한 방향을 보고 계단을 오르는 사람들의 뒷모습이 그렇다. 다리를 들어 한 계단을 밟아 위로 가고 있는데, 그것이 제자리를 걷는 것처럼 보이는 것이다. 사람들의 뒷모습은 무표정이므로, 나는 그것에서 연민을 느낀다. 그리고 내 뒷모습도 그러할 것이므로, 누군가는 나를 연민할 것이 뻔하다.

우리는 태생적으로 무언가를 오르려 한다. 아기들도 무언가에 가로막히면 우선 오르고 본다. 그 아기가 자라 인생에 대해 배워가면 사회는 오르고 오르는 곳이란 걸 강요 받으며 어른이 된다. 왜 올라가야 하는지 잘 모르지만, 그렇게 하지 않으면 도태되거나 죽을지 모른다는 두려움이 온 세포를 휘감는다. 그래서 오르는 것은 '상승'을 의미하지만 때로 '힘겨움'을 뜻하기도 한다. 왜 오르는지 깨닫지 못하거나 굳이 오르지 않아도 되는 사람에게 그것은, 고통 그 자체이기 때문에. 세상의 눈높이에 맞추기 위해, 남들에게 착하게 보이기 위해 사는 것은 어쩌면 그렇게 힘겹게 높은 계단을 오르는 것과 같을지 모른다.

내려갈 때의 즐거움

반대로, 내려간다는 것은 '하강'을 의미하여 사람들에게

긍정적으로 다가오진 않는다. 하지만 내려올 때의 즐거움은 모두가 안다. 본능적으로 오르는 것보다 내려가는 것이 쉽기 때문이다. 내려갈 때는 속도도 빠르다. 언덕을 꾸역꾸역 오르는 것과 가뿐하게 내려오는 것을 상상해보면 쉽게 이해될 것이다.

그럼에도 어딘가에서 내려온다는 것은 우리의 마음을 불편하게 한다. 세상은 우리에게 오르고 또 올라야지 포기하고 내려가면 큰일 난다고 말해왔기 때문이다. 어딘지 모를 끝을 가리키며 거의 다 왔다는 압력이나 자기 최면으로 버티기를 반복하고 있을 뿐.

그러면서 우리는 잊고 만다,
내려오는 법을 알아야 쉴 수도 있고 다시 오를 수 있음을.

내려오기를 받아들이는 기술

그렇게 위만 바라보다 살면 내려오는 것이 즐겁지 않다.

분명 내려와야 쉴 수 있고 다시 오를 수 있는데, 잠시라도 뒷걸음질 친다는 것은 스스로 용납할 수 없는 일이다. 믿기 어려울지 모르겠지만 맘 편하게 내려올 줄 알아야 좀 더 나은 삶을 살 수 있다.

예를 들어, 사람들은 사회적 지위나 명예 그리고 권력을 갈망한다. 그 맛을 보면 당최 내려갈 엄두가 안 난다. 오르고 오르다 깃발을 잡아든 사람들은 아래를 볼 겨를이 없다. 좀 더 올라가면 다른 깃발이 있을 거란 기대로 숨이 가쁘고 몸은 만신창이가 되어도 그저 오른다. 마음은 말할 것도 없다. 영혼이 아파도 상관하지 않는다.

어떠한 순간 "내가 누군지 알아?"라고 윽박지르는 사

람들은 대부분 내려오기를 모르거나 받아들이지 못하는 경우다. 자신이 취한 그 지위에 갇혀 더 이상 올라갈 수 없을 때 그 울분을 이렇게 내뱉는다. 그러한 사람들은 다른 사람들을 낮추고 내려다보는 좋지 않은 습성을 가지고 있다.

누군가와의 갈등에서 우리는 우위를 점하려는 습성이 있다. 상대방보다 높은 곳을 지향하는 것이다.

그렇게 해서 상대를 압도하려 하지만 상대도 나보다 몸집을 키우거나 자신의 지위나 권력을 이용해 어떻게든 나를 찍어 누르려 한다. 그러면 나 또한 어떠한 수단이라도 쓰려 하고, 그 상황에서 남는 것은 서로의 상처뿐이다. 상대보다 더 높이 가려는 마음을 버리고, 때론 먼저 사과하거나 '지는 것이 이기는 것'이라는 마음으로 화해를 청하면 의외로 상황도 호전되고 내 마음도 편한 경우가 많다.

그렇게 '때를 알고' '받아들이는 것'이 어쩌면 '내려오기 기술'의 핵심이 아닐까.

　물론 목표를 가지고 오르는 것은 누군가에겐 맞는 일일 수 있다.

　다만 영원히 오를 수는 없으므로 오르다 잠시 내려가야 할 때 불안해하거나 스스로를 괴롭히지 말자는 것이다. 지금까지 그렇게, 충분히 나를 괴롭히고 불안해하며 살아왔으니까.

　내려가야 할 때를 알고 받아들이는 사람은 좀 더 안전하다. 그때를 인정하지 않고 버티려는 사람은 발목을 접질리거나 굴러 떨어질 수도 있다는 걸 잊지 말아야 한다.

　우리 삶도 그러하니까.

이불 속은 위험해!

컴포트존을 벗어나는 것은,
내 일상의 범위를 넓히는 일

전설의 고향과 이불

나이를 드러내고 싶진 않지만 초등학교 시절 〈전설의 고향〉을 즐겨봤던 기억이 난다. 당시엔 즐기는 게 아니라 무서움에 덜덜 떨며 봤다. 아, 다시 생각해보니 본 것도 아닌 듯하다. 방송을 하는 내내 나는 이불 속에 있었으니까. 프로그램 말미 한 남자의 에필로그 내레이션이 나올 즈음에야 빼꼼 고개를 이불 밖으로 내어 화면 위로 올라가는 자막을 봤다. 그게 내가 가진 〈전설의 고향〉에 대한 주된 기억이다.

그렇게 이불 속은 더없이 포근한 요새였다. 내 다리를 내놓으라던 총각 귀신도, 서럽게 우는 하얀 소복의 처녀 귀신도 그 이불을 어찌하진 못했다.

하지만 세상이 그렇게 호락호락하지만은 않다.

TV 밖으로 나오는 귀신이 등장하고, 무서움에 덮은 이불 안에서 스멀스멀 올라오는 귀신 캐릭터가 나오면서 이불 속은 더 이상 안전한 곳이 되지 못했다. 사실, 무서움에 이불을 덮는 것은 눈 가리고 아웅 하는 것과 다를 바 없다. 무서운 맹수가 나타났을 때 고개만 땅이나 덤불숲에 처박는 타조와 다를 게 뭘까. 정말로 위급할 때 이불을 덮어봤자 위협의 대상이 그 이불을 쓰윽 거두면 그만일 텐데 말이다.

컴포트존, 벗어나야 할까?

사람들에겐 저마다 '컴포트존Comfort Zone'이 있다.

인체에 가장 쾌적하게 느껴지는 온도, 습도, 풍속에 의해 정해지는 일정한 범위를 말한다. 이것은 물리적이거나 정량적인 조건에만 국한되지 않는다. 정서나 마음, 느낌에도 통용이 되면서 가장 고요하고 편한 상태를 이르기도 한다. 쉽게 말해 '편안함을 느끼는 구역'이라 할 수 있다.

사람은 본능적으로 컴포트존에만 머무르려는 성향이 강하다. 베스트셀러 작가이자 기업가인 세스 고딘은 "컴포트존에 머물 때 당신은 기분이 느긋해지고 긴장감 없이 일하거나 생활할 수 있으며, 그 안에서는 실패의 두려움도 크지 않다. 오랜 시간에 걸쳐 자신에게 익숙해진 영역이어서 습관적으로 행동하면 되기 때문이다."라고 말했다.

이리 어렵게 설명할 필요도 없다.

이른 아침 눈을 뜰 때 포근한 이불은 설명이 필요 없는 컴포트존이다. 하지만 그곳에 계속해서 머무른다면 어떨까? 학교에 지각을 하거나 회사에 결근을 하거나, 또는 내가 있어야 하는 곳에 있지 않음으로 인해 일어나는 많은 것들에 책임을 져야 한다. 당장 몸은 편할지 몰라도 결국 마음은 불편해지고, 불편해진 마음은 영혼을 좀먹는다. 순간의 선택을 잘못해서 받아들여야 하는 얄궂은 결과물들에 대해 자신을 한탄하며, 결국 이불 속은 무시무시하게 무서운 곳으로 변하는 것이다.

컴포트존을 벗어날 때 얻게 되는 것들

익숙한 것을 벗어나려 할 때 우리는 '모험' 또는 '도전'

을 하게 된다. 가지 않던 길로 가보거나 보지 않던 영화의 장르를 보는 것. 매일 전철을 탔다면 버스를 타보고, 소설만 읽었다면 자기계발서를 읽어보는 것도 일종의 컴포트존 벗어나기다. 물론, 학교를 가거나 직장에 출근하는 것 그 자체로도 컴포트존을 벗어나는 것이기도 하다. 앞서 말한 것처럼 이불을 박차고 나오는 자체가 대단한 것이니까.

이렇게 컴포트존을 벗어나면 우리는 많은 것을 얻게 된다.

첫째, 내 삶의 영역이 확장된다.

가지 않은 곳을 밟게 되면, 그곳은 가봤던 곳이 된다. 그리고 그곳부터 다시 시작해 다음 영역으로 넘어갈 수 있다. 컴포트존의 매력은 나를 편하게 해주는 것뿐만 아니라 무한대로 확장될 여지를 준다는 것이다. 사람은 적응의 동물이기 때문에 다른 영역으로 넘어가면서 생긴 불안은 어느새 익숙한 것이 되면서 도전과 모험을 하는데 거리낌이 덜하게 된다.

둘째, 미래에 대한 불안을 줄여갈 수 있다.

사람에게 공포와 불확실성은 어찌할 수 없는 것들이다. 한 치 앞도 모르는 가련한 존재. 컴포트존에 갇힌 사람은, 어찌 보면 더 가련한 존재라고 할 수 있다. 그저 편안함 속에 머물며 다가올 미래를 기다리고만 있을 테니.

미래에 대한 불안에 압도당하지 않는 비결이 있을까 싶지만 결국 우리가 할 수 있는 불확실성에 대한 최대의 대항은 스스로 미래를 만들어가는 것이다. 그리고 그것은, 컴포트존 밖으로 한 걸음 내딛을 때만 가능한 일이다.

셋째, 생산성이 증가되고 수많은 영감을 얻게 된다.

불안과 불확실성이 마냥 나쁜 것일까?

나는 그렇게 생각하지 않는다. 편안함이 오히려 사람을 나태하게 만들거나 생산성을 감소시킬 수 있다. 예를 들어, 평소 써지지 않는 글도 마감 기한이 다가오면 어떻게든 써진다. 다들 시험을 앞두고 벼락치기를 하거나 갑자기 초인적인(?) 기억력이 발휘된 경험 한두 번은 있을 것이다. 그뿐인가. 코너에 몰리면서 떠오르는 아이디어들도 짜릿한 성취를 맛보게 해준다. 대부분의 발명품도 그렇고, 좋은 생각이나 아이디어들은 불편함과 불안함에서 오기 때문이다.

그렇다고 '컴포트존'을 부정하진 않는다.

어렸을 때 〈전설의 고향〉으로부터 나를 지켜주었던 이불 속은, 세상 어떤 것보다 나에게 큰 심리적 안정감을 주었다. 그 안정감 속에서 한 번, 두 번, 세 번 용기를 내어 고개를 뺄 수 있었고, 시간이 지나서는 이불 없이도 〈전설의 고향〉을 응시할 수 있었다.

사람들에게 컴포트존은 필요하다. 그것은 일상이라고 볼 수도 있다. 사람은 일상의 소중함을 깨달을 때, 그것을 벗어나 여행할 수 있고 도전할 수 있다. 여행도, 도전도 모두 일상이라는 돌아올 곳이 있어야 의미가 있는 것이니까.

결국 컴포트존을 벗어나는 것은, 내 일상의 범위를 넓히는 일이 되어 내 삶을 좀 더 풍요롭게 해줄 것이라고 나는 믿는다.

나를 단단하게 만드는 공부

견디는 힘은 무엇인가

그것은
살아내는 용기다.

초등학교 2학년 때였던 것 같다.

장난감 상자 안에 꼬여있는 매듭이 있었다. 나는 그것을 푸느라 끙끙대었다. 이어폰 요정이 주머니 속 이어폰을 꽁꽁 꼬아놓은 것처럼 매듭은 좀처럼 풀리지 않았다. 성난 마음으로 몰두하고 있을 때 그 모습을 보던 어머니 친구분이 말씀하셨다.

"매듭을 푸는 걸 보니 끈기가 대단하구나!"

고백하자면, 난 끈기가 없다. 무언가 진득하게 해서 끝낸 게 별로 없다. 지금 돌아봐도 그렇다. 하지만 살면서 어설프게라도 꾸준함이 필요할 때는 여지없이 어머니 친구분께서 하신 그 말을 떠올렸다. 끈덕지지 않은 사람이란 걸 아는데, 어느새 나는 그 말을 떠올려 꾸준한 척이라도 하게 되었다.

사실 그때의 상황이나 어머니 친구분의 얼굴 등은 기억나는 게 아무것도 없다. 그 매듭의 모양조차 기억이 가물가물하다. 하지만 그때 들은 그 칭찬의 말은 내 마음속에 그 무엇보다도 또렷하게 남아 몇십 년이 흐른 지금에도 생생하게 작동하고 있다.

견디는 힘은 무엇이고,
어디에서 오는가

때론 옛 기억과 추억 그리고 사람과의 만남은 견디는 힘

이 된다.

세상을 살아가다 보면 견뎌야 할 때가 참 많다. 견디기는 작용에 대한 반작용이다. 무언가 나를 짓누르려 할 때 짓눌리지 않으려는 발버둥. 몸과 마음, 영혼까지도 쪽쪽 빨아 기력을 빼가려는 것들로부터 우리는 오늘도 견디고 견뎌내지 않았는가.

운동을 하더라도 무거움을, 그리고 달리기의 고됨을 견뎌내야 한다. 그래야 근육도 생기고 폐활량도 좋아진다. 삶에서의 견디기도 운동과 같이 우리 삶에 근육을 더하고 건강함을 더한다. 언제든, 항상, 무조건 견뎌내야 하는 것이 바로 우리네 삶이다.

성공한 사람들의 비밀은 무엇일까?

안젤라 더크워스는 저서《그릿》에서 그들은 회복력이 강하고, 나아갈 방향을 알고 있다고 했다. 그리고 또 하나, 바로 '열정과 결합된 끈기'가 그 비결이라 강조했다.

러닝 머신 위에서 죽을 것 같이 힘들어도, 목표를 이루기 위해 단 몇 초라도 더 뛰는 것. 20대에 이 러닝 머신 위에서 뛴 사람들을 40년이 지나 추적 조사했을 때 직업 성취도와 사회적 만족도, 심리적 안정 수준은 러닝 머신 위에서 견뎌낸 시간에 비례한다는 것을 알아낸 것이다.

나는 이것을 '견디는 용기'라 말하고 싶다. 그들은 아마도 힘에 겨울 때, 견딜 수 있는 힘의 원천을 마음속 어디선가 끄집어내었을 가능성이 높다. 그것은 열정일 수도 있고 성공에 대한 욕구 또는 내가 기억하는 매듭을 푸는 순간에 들은 칭찬과도 같은 것일 수 있겠다.

하여 우리는 견디는 힘을 길러야 한다.

가끔은 노트를 펼치고 나의 장점에 대해 써보는 것이다. 다른 사람에게서 들은 칭찬도 좋고, 내가 스스로를 인정하는 마음도 좋다. 손발이 오글거릴지언정 조금은

뻔뻔해도 좋으니 이럴 땐 스스로를 한껏 드높여보자. 이
것은 착각이 아니며, 착각이라 해도 약이 되는 착각이니
걱정 안 해도 된다.

또 하나, 마음에 와닿는 명언들을 함께 기록해도 좋다.
명언이 주는 힘은 의외로 크다. 평소엔 누구나 할 수
있는 말을 조금 재치 있게 표현한 것이라 생각하며 시큰
둥할 수 있지만 내가 어떤 상황에서 견뎌야 할 때 그것
은 더 없는 힘이 된다. 명언 자체가 그 상황을 해결해주
는 것이 아니라 견딜 수 있는 용기를 준다는 말이다.

"할 수 있을 때는 즐기고, 해야만 할 때는 견뎌라."

– 요한 볼프강 폰 괴테

이처럼, 견디는 힘은 결국 살아내는 용기다.
그 누구도 아닌 나를 위해 견디는 힘. 그리고 견디는

힘은 결국 나에게서 와야 한다. 누군가로부터 들은 칭찬이나 나에게서 오는 열정 모두, 그것들은 내 마음속에서 작동하는 것들이다. 내 마음속에서 끄집어내어 에너지가 되는 것이지 누군가 그것을 주입해줄 거란 기대는 버려야 한다. 설령 그것을 누가 주었다고 하더라도 결국 내 마음을 거쳐 정화되고 승화되어야 온전히 나의 힘과 용기가 된다는 걸 알아채야 한다.

그런 의미에서, 오늘 하루를 잘 견딘 나에게 "수고했어." 한마디 하는 건 어떨까.

그리고 내가 무심코 던진 칭찬 한마디가 누군가에겐 어려움을 견뎌낼 수 있는 평생의 용기가 될 수 있음을 자주 상기하는 것도 좋겠다.

하루 10분,
나와 연결하는 소중한 시간

나를 위한 투자.
생각보다 쉽지 않지만 중요하다.

쉴 시간이 없다고 말할 때가 쉬어야 하는 때다

당신은 잘 쉬고 있냐고 묻고 싶다.

그런데 질문을 나에게로 돌렸을 땐 나 스스로 머뭇거린다. 쉰다는 개념을 우리는 잘 모른다. 아니, 머리로는 알지만 그것을 '잘 못한다'라고 표현하는 게 맞겠다. 한국인의 특징이다. 어떻게 잘 달릴까만 고민하지, 쉬거나 멈추는 것에 대해선 생각해보거나 실천해본 적이 별로 없기 때문이다.

그래서일까. 쉰다는 말과 부합되는 것들을 해봐도 영 개운하지가 않다. 여행을 다녀오면 더 피곤하고, 하루 휴가를 내면 밀린 일 때문에 다음 날은 더 허덕인다.

그러면서 우리는 쉴 시간이 없다고 버릇처럼 말한다. 시간을 내어 쉬고 나서도 말이다. 이해가 된다. 쉬어도 쉰 것 같지 않으니, 그 앞에서 '시간'의 의미는 소멸되는 것이다.

잘 생각해보면 결국 우리는 쉴 '시간'이 없는 게 아니라 '마음의 여유'가 없는 것이다.

마음이 쉬어야 한다

한 연구에 따르면, 반복적이고 강렬한 스트레스는 사회화 발전에 기여한 중요 요인이라고 한다.

우리는 정말 고도의 사회화를 지속적으로 이루어왔다. 그러니 반대로 생각해보면 스트레스는 더 강렬해지고, 다양해지고, 날카로워졌다. 그만큼 여유는 마음으로부터 멀리 가버렸으며, 마음속 생채기는 가득해졌다.

생채기 가득한 마음은 몸으로 신호를 보낸다. 스트레스에 대응하기 위해 나오는 코르티솔이라는 호르몬이 비상 체계를 가동하는 것이다. 코르티솔 수치는 아침에 가장 높고, 저녁에 낮아지면서 일상생활을 도움과 동시에 제대로 된 쉼을 준비하는 역할을 하는데, 비상 체계로 돌입하면 그 수치는 높게 유지된다. 그러면 잠을 제대로 잘 수 없게 되고, 이는 만성 피로로 심화된다. 그리고 만성 피로는 갖가지 부작용을 야기하며 심각한 건강 악화를 동반한다.

눈치챘겠지만 이 모든 시작은 '마음'에서부터다.

호르몬은 의식적·무의식적인 마음의 상태에 따라 분비된다. 공포를 느끼거나 즐거움을 느끼는 순간 여지없이 그에 맞는 호르몬이 분비되는 것이다.

신경정신과에선 이를 역으로 이용하기도 한다. 행복 호르몬이라 불리는 세로토닌을 향상하는 원리를 이용해 항우울증 약을 만든다. 하지만 부작용이 상당하다. 마음 으로부터 촉발된 자연스러운 호르몬의 효능을 뛰어넘을 순 없단 뜻이다.

그러니 스트레스를 경감하고 제대로 쉬기 위해서는 마음을 돌아보는 데 집중해야 한다.

마음 챙김의 시간이 필요하다

사람들은 으레 나이가 들거나 건강이 안 좋아지면 그에 좋은 음식을 검색하곤 한다. 하지만 그것들은 모두 마음 이 아닌 것들에 대한 궁여지책이다. 핵심은 마음을 챙기는 것이고, 순서도 마음이 먼저다.

오하이오주립대학의 리처드 페티 교수팀은 일상에서 휴식을 취하고 명상을 할 때 만성 스트레스의 위험이 눈에 띄게 줄어든다는 것을 밝혀냈다. 스트레스를 경감시키는 방법으로 '자신과의 연결'은 중요한 과정인데, '명상'이 결국 이 과정에 최적화된 방법이라는 것이다. 자신과 감정적 메커니즘으로 연결이 되면 내부 균형을 맞출 수 있게 되고, 이는 안팎으로 오는 자극과 스트레스에 유연하게 대처할 수 있는 있는 원동력이 된다.

하루에 딱 10분만이라도 마음을 챙기는 시간을 가져보자.

쉬워 보이지만 휴대폰을 안 보거나 생각이 흐트러지지 않은 채로 10분을 가만히 있는다는 것은 꽤 어려운 일이다. 해보지 않으면 쉬워 보이고, 막상 해보면 어려운 법. 그럼에도 우리는 마음 챙김을 시도하고 또 시도해야 한다. 그 이유는 다음 세 가지다.

첫째, 돈이 들지 않는다. 현실을 '인식'하게 해준다.

사랑의 호르몬 '옥시토신', 행복의 호르몬 '세로토닌', 쾌감의 호르몬 '아드레날린' 등. 이러한 호르몬을 얻기 위해 우리는 얼마나 많은 돈을 쓰는가. 쇼핑을 하거나, 여행을 가거나, 값비싼 데이트를 하거나, 신나는 놀이동산에 가거나. 이런 방식으로 마음을 챙기고 스트레스를 날려버리는 것도 좋지만 그것들은 그리 오래가지 못한다는 것을 이미 우리는 알고 있다.

차분히 앉아 자신에게 집중하고 마음을 챙기다 보면, 세상이 주는 자극들에 쉽사리 반응하기보단 현재 상황을 '인식'하게 된다. 과거에 대한 불만과 미래에 대한 불안에서 잠시라도 벗어날 수 있고, 순간을 알아채며, 지금의 나에게 집중할 수 있다.

둘째, 나와의 연결 고리가 된다.

우리는 모두 영화 속 조커와 같다, 세상에 맞추려 몸부림치는. 정도의 차이가 있을 뿐 그 누구도 멋대로 살 순 없다. 개성화가 만연하다지만 사회에 어느 정도는 맞추며 살아가는 것은 사람으로서 어찌할 수 없는 숙명이자 삶의 과정이다.

그러다 보면 어느새 자신의 삶 속에 정작 '나'는 없다는 것을 알아채지도 못한다. 누구 때문에 우리는 이렇게 바쁜가. 숨을 헐떡거리며 뛰고 있는가. 건사해야 할 가족이 있다고 하더라도 나부터 챙겨야 하는 게 맞다. 그런 측면에서 명상은 잠시라도 나를 인식할 수 있는 연결 고리가 된다. 내가 나를 챙기지 않는다면 누가 나를 챙긴단 말인가.

셋째, 면역체계를 향상시킨다.

나이가 들수록 비례하는 게 있다. 비타민의 양이다. 요즘엔 한 알로 충분한 멀티 비타민이 있다지만 우리 몸 어디가 어떻게 안 좋거나 고장 날지는 아무도 모른다.

2011년 하버드대 라자르 박사 연구팀은 명상이 뇌 구조를 실제 변화시킬 수 있음을 보여주었다. 8주간의 명상 프로그램을 실시한 결과, 해마의 크기가 증가했고 학습력과 기억력이 크게 상승했다는 것이다. 더불어 감정과 자기 참조 과정을 조절하는 영역도 커졌고, 이는 몸에도 긍정적인 영향을 주어 결국 면역체계를 향상시킨 것이다. 즉, 넘쳐나는 여러 개의 비타민보다 명상을 통한 마음 챙김이 더 효과적이란 뜻이다.

한 명상 전문가는 사람들이 명상의 효과는 잘 알지만 실천을 하지 못하는 것에 대해 다음과 같이 말한다.

"명상을 지속적으로 하고 싶다면
명상 후의 변화에 당장 큰 기대를 하지 마세요."

명상 한 번 했다고 무언가가 바로 바뀔 거라는 기대를 하지 말라는 뜻이자 꾸준히 자신과 마주하는 시간을 늘리라는 뜻이다.

명상은 어려우면서도 어렵지 않다. 그리고 어렵지 않으면서 또 어렵다. 나 또한 가끔 명상이 제대로 되지 않을 땐, 마음속의 불순물이 너무나 많음을 느낀다.

그런데 아무리 생각해도 나를 위해 하루 10분도 투자하거나 집중하지 못한다는 게 영 나에게 섭섭하다.

돈이 드는 일도 아닌데 말이다.

잘 쉬는 것에 대하여

아무것도 하지 않는다는 것은
결국, 나 자신에게로의 회귀다.

우리는 잘 쉬고 있는가?

나는 지인들에게 최근 아무런 마음의 부담이나 죄책감 없이 편하게 쉬어본 적이 있냐고 물은 적이 있다. 질문을 받은 지인들은 골똘하게 생각하더니, 대개 "글쎄, 부담을 내려놓고 쉰 적은 없는 것 같네."라고 말한다.

나 역시 마찬가지다. 얼마 전 가족과 다녀온 여행에서도 나는 회사 이메일을 열었고, 수시로 SNS를 들여다봤으며, 여행지에서의 즐거움은 뒤로하고 아직 오지 않은 것들에 대한 고민을 머릿속에서 요란하게 버무리곤 했으니까.

우리는 왜 잘 쉬지 못할까? 마음 편히 쉬지 못하는 우리네 모습을 보면 칼 구스타프 융의 '집단 무의식^{Collective}

Unconsciou'이 떠오른다. 이는 개인 무의식의 일부이나 개인적 경험이 아닌 인류의 역사와 문화를 통해 공유된 정신적 자료의 저장소를 말한다.

우리는 삼면이 바다로 둘러싸여 외부로부터 무수한 공격과 침략을 받았으나 이겨냈고, 한강의 기적을 일구어내며 불과 몇십 년 만에 선진국 반열에 오른 민족이다. 그러하기에 잠시도 가만히 있지 못하는 것은 물론이고, 뭐든지 빨리빨리 해내야 하는 기질은 우리 정서 깊숙이 새겨져 있다. 여행을 가더라도 어느 한 곳에 한가로이 머물기보단, 유명한 곳은 반드시 찍고 와야 한다는 목표의식에 갇힌 모습이 이를 방증한다. 3박 4일의 여행에서도 너무 많은 에너지를 쏟아붓고 돌아온다.

이러니 우리는 잘 쉴 수가 없다. 아니, 어쩌면 우리는 이제껏 쉰 적이 없을지도 모른다.

우리는 왜 쉬지 못하는가?

그래서일까.

아무것도 하지 않는 것에 대한 관심이 매우 높다. 《신경 끄기의 기술》이란 책도 나왔다. 역시나 '기술'이란 말이 한국인에게 통한다는 것을 누군가는 간파한 것이다. '기술'은 간단명료한, 그러니까 빠르게 습득할 수 있는 방법이다. 서점가에 휴식을 제대로 할 수 있는 방법을 알려주는 책이 있다는 것, 그 방법을 빨리 알려주겠다는 어조를 자연스럽게 받아들이는 우리 모습이 말 그대로 웃프다.

우리가 제대로 쉬지 못하는 이유는, 이처럼 '왜'보다는 '어떻게'를 추구하기 때문이다. '왜'는 방향이자 본질이며, 추구해야 하는 지향점이다. '어떻게'는 본질을 향해 가는 수단이다. 그런데 우리는 '어떻게'가 마치 종착역인 것처럼 살고 있다.

수단과 본질이 전도되면 삶은 고달프다.

대치동에서 하루 종일 학원을 다니는 부유한 집안의 학생 인터뷰가 떠오른다. 일반 직장인의 월급을 훌쩍 넘는 돈을 들여 학원을 다니고 있지만, 딱히 하고 싶은 것도 없고 어떤 대학을 가야 할지도 모르겠다는 대답. 부모가 그 인터뷰를 봤을지 모르겠다. '왜' 공부해야 하는지에 대한 본질은 없고, '어떻게' 하면 높은 점수를 받아 좋은 대학에 들어갈 수 있을지에만 몰두한 결과다.

그러니 우리는 '어떻게' 쉴까라는 생각의 구덩이에서 나와야 한다.

아무것도 하지 않는 '닉센[Niksen]'의 미학

'Niks'는 네덜란드 말로, 영어로 치면 'Nothing'이란 뜻
이다. 여기에 동사 접미어가 붙어 '닉센[Niksen]'이란 말이
만들어졌다. 말 그대로 아무것도 하지 않는 것, 목적이
나 목표를 두지 않고 움직이거나 가만히 있는 것을 말한
다. 굳이 말하자면 우리의 '멍 때리기'와도 같을지 모르
겠다. 미국의 대표적인 시사 주간지 〈타임〉은 닉센에 주
목하고 여러 기사를 써냈다. 이민자의 개척정신, 자본주
의 색채가 짙은 미국 사람들도 얼마나 분주하게 살아왔
을까를 생각해보면 공감이 가는 부분이다.

그러고 보니 주재원으로 있던 네덜란드에서의 생활이
주마등처럼 지나간다.

한국 회사 소속이라 그곳의 다른 이들과 달리 정신적, 육체적으로 자유롭지 못한 나였지만, 그래도 기억나는 건 점심 먹고 걷던 길에서 만난 풀을 뜯는 양과 갓길에 피어난 꽃들이다. 그리고 저 멀리 여유롭게 아기를 태우고 지평선을 가로지르는 자전거 한 대, 물결에 따라 흘러가는 운하 위의 보트들. 과연 닉센은 일상 그 자체로 거기에 있던 것이다.

그런데 우리는 그럴 수 있을까?

때론 아무것도 하지 않고 일상을 유유하게 살자고 다짐하지만 결코 쉬운 게 아니다. 기질이 그러하지 않고, 환경도 다르다. 똑같이 따르려 하다간 또 '왜'보다는 '어떻게'에 초점을 맞추기 십상이다. 다만, 본질을 생각하다 보면 '닉센'의 미학을 떠올려 조급하지 않게, 반드시 무언가를 해내야 한다는 강박관념 없이 쉬는 것이 가능해지고, 그러다 보면 진정한 쉼에 조금은 더 가까워지지 않을까.

무엇보다 가장 중요한 건 맨 처음의 질문으로 돌아가, 아주 잠깐 쉬더라도 아무런 마음의 부담이나 죄책감 없이 쉬어보는 것이다. 늘어지게 자고 났다면 하지 못한 것들에 대한 후회를 하는 것이 아니라, 그 달콤한 느낌에 충실해보는 것, 출근길 버스에서 휴대폰으로 회사 이메일을 열기보단 창 밖에 지나가는 풍경을 온전히 바라보는 것, 여행지에서 여럿을 찍어 정신 없이 돌아다니는 대신 어느 한 곳에 머물며 깊은 숨을 들이마셔 보는 것 등.

아무것도 하지 않는다는 것은 결국, 나 자신에게로의 회귀이자 잘 쉬는 방법인 것이다.

인문학을 자주 접해야 하는 이유

'사람이란 무엇인가'가 아닌,
'사람은 무엇이어야 하는가'에 대한 생각

인문학의 재조명

"기술만으론 충분하지 않다.

우리의 가슴을 뛰게 하는 것은 인문학과 결합한 기술이다!"

스티브 잡스가 이 말을 했을 때, 인문학은 때아닌 재조명을 받았다.

심지어 어느 회사에서는 인문학 전공 직원을 뽑아 그들에게 소프트웨어 개발 교육을 시킬 정도였다. 그리고 사람들은 미친 듯이 고전을 읽기 시작했다. '인문학'이란 말만 들어가면 무언가 해답이 있어 보였다. 마치 녹차가루가 들어있으면 달달한 아이스크림도 건강식품이 되는 것처럼.

그리고 시간이 지날수록 사람들은 어리둥절해하며 서로에게 물었다.

"대체, 인문학이 뭐지? 어떻게 공부해야 하는 거지?"

인문학의 의미

인문학의 사전적 의미를 종합해보면 그것은 결국 '사람을 연구'하는 학문이다.

언어, 문학, 예술, 철학, 역사 등은 결국 '사람이란 무엇인가'를 알기 위한 '수단'이다. 즉, 인문학의 목적과 대상은 '사람'인 것이다.

고전과 철학을 접하고도 대체 인문학이 뭐냐고 묻는

사람들이 있다면, 그는 '사람'을 빼놓고 '수단'에만 몰두했을 가능성이 높다. 목적과 수단이 뒤바뀌면 삶은 혼란해진다.

고전을 독파하고 철학가들의 이름과 사상을 달달 외운다고 해서 인문학은 완성되지 않는다. 큰 착각이다. 그것을 통해 온전히 사람의 가치와 행동에 대해 끊임없이 질문하고 고민해야 한다. 그리고 타인과 나를 이해하는, '자기화' 과정이 필요하다.

이 과정이 바로 진정한 인문학의 의미다.

'사람은 무엇인가'를 넘어,

'사람은 무엇이어야 하는가'에 대한 질문.

칸트는 그의 저서를 통해 세 가지 질문을 했다.

첫째, 나는 무엇을 알 수 있는가?

둘째, 나는 무엇을 행해야 하는가?

셋째, 나는 무엇을 희망해야 하는가?

나는 이 세 가지 질문에 소름이 돋는다.

이 질문은 '사람은 무엇인가'를 넘어, '사람은 무엇이어야 하는가'를 지향하고 있기 때문이다. 차원을 넘어서는 질문이라 생각한다. 인류가 그동안 만들어온 다양한 문화의 결과물을 토대로 이제 겨우 '사람이란 무엇인가'를 고민할 때, 칸트는 우리에게 사람으로서 어떻게 살아야 하는가에 대한 물음을 던졌다.

이 질문은 그가 살았던 때보다 현재 우리가 살아가는 세상에 더 적합하다.

물질은 정신을 지배한 지 오래고, 하루하루 스스로를 고찰하지 않으면 삶의 의미를 잃어버리기 쉬운 시대에 살고 있기 때문이다. 인간성은 말살되고 경제적 계급이 생기며 사람이 사람을 부리고, 무시하며, 목숨을 쉬이 여기는 현상까지 일어나고 있으니까.

그러니 '사람은 과연 무엇이어야 하는가'에 대한 질문

이 마음속에서 끊이질 않는다.

인문학이 부족한 시대, 사람을 돌아보지 않는 시대

인문학의 돌풍은 그래서, 인문학의 부재를 방증한다.

물질과 기술에 주력하던 시대의 정서들이 '아차' 하고 잊었던 본연의 '사람'이란 존재에 눈을 돌린 것이다. 하지만 그마저도 더 큰 경제적 부흥을 이루기 위한 '공부'로 매도된 것이 현실이다.

인문학의 부재는 곧 사람을 돌보지 않는 것이다. 세상이 흉흉하고, 사람으로서 하지 말아야 할 사건들이 여기저기서 튀어나오는 이유를 우리는 돌아봐야 한다.

아리스토텔레스의 뒤를 이어 '형이상학'을 계승한 칸트는 '존재의 근본'을 알아가는 수단으로 그것을 연구하고, 학문으로 정립하려 노력했다.

사색, 추론, 신념 또는 신앙 등은 형이상학적 진리를 알기 위해 필요한 것들이다. 하지만 요즘 세상엔 '주체적인 자각'을 할 수 있는 시간이 별로 없다. SNS와 동영상 콘텐츠 등, 우리의 눈과 마음, 말초신경을 혹하게 하는 것들이 넘쳐나기 때문이다. 아주 잠시라도 한눈을 팔면 어느새 한두 시간은 그것에 빠져 헤어나질 못하고, 편리함이 배가된 커뮤니케이션 수단은 (의도와는 다르게) 우리의 정신과 시간 그리고 마음까지 병들게 하고 있다.

즉, 우리에게는 스스로 고찰할 시간이 없는 것이다.

그리고 사람을 돌보지 않는 시대가 얼마나 팍팍한지는 살면서 몸소 경험하고 있으니 별도의 설명이 필요 없으리라 생각한다.

사람에 대한 배려,
사람인 나에 대한 관심

영화 〈킹스맨〉, 〈어벤저스 인피니티 워〉, 〈다운사이징〉의 공통점에 대해 생각해본 적이 있다.

그것은 바로 '사람에 대한 염증'이다. 인류의 절반을 날려버리거나 줄여버리려는 시도는 사람과 사람의 부대낌에 대한 염증이다. 이러한 영화가 속속 나오는 것이 우연은 아니다.

우리는 지쳐있다. 사람이 무엇인지, 무엇이어야 하는지에 대한 고민이 없으니 사람의 자격이 없는 서로들에게 염증을 느끼는 것이다. 피해의식과 분노, 갑질과 열등감 그리고 불공평이 판을 친다. 말 그대로 (사람으로서)

서로에 대한 배려가 없다.

더 무서운 것은, 나를 고찰할 겨를 없이 흘러가는 시간이다.

'사람'에 대한 배려는 사람인 '나'에 집중할 때 생겨날수 있다. 남의 아픔을 공감하고 남의 불편함을 알아갈때, 우리는 비로소 다른 사람을 배려할 수 있다. '나'라는존재를 알아차릴 시간도 없는데, 남을 배려한다는 건 어불성설이다.

우리가 고전을 읽는 이유는, 고전이 집필된 그때가 '사람에 대한 고민'이 많았던 시대였기 때문이다. '사람'에대한 주제, 고민, 나아갈 방향에 대한 담론이 가득한 보석과 같은 메시지들. 그 시대엔 물질이 정신을 덜 지배했고, SNS와 동영상 콘텐츠가 사색을 방해하지 않았다.톨스토이의 '사람은 무엇으로 사는가'에 대한 질문과 글이 나와 있다는 건 지금의 우리에게 얼마나 큰 위안인지. 제목 하나만으로도 우리에게 던지는 메시지가 통렬하다.

　고전을 몇 개 읽는다고 인문학을 안다고 할 순 없지만 하나를 읽더라도 그 안의 사람에 대한 시선과 고민을 바라본다면 우리는 인문학에 좀 더 다가갔다고 할 수 있다. 철학과 미술도 마찬가지다. 사람이라는 힌트를 주는 그것들 자체에 취하는 게 아니라 그 내면을 보는 것이 중요하다. 굳이 고전과 철학을 뒤지지 않고 SNS나 동영상 콘텐츠를 통해서도 인문학을 접할 수 있다. 그것들을 소비하는 것이 아니라 이러한 콘텐츠는 왜 나왔고, 그 이면엔 사람들의 어떤 욕구와 욕망이 있는지, 그리고 나는 그것을 통해 무엇을 얻고자 하는지에 대해 고민한다면 그 어느 고전보다도 더 소중한 의미를 찾을 수도 있다.

'나'라는 사람에 대한 관심과 배려.

그리고 그 '사람'에 대해 사색하는 시간을 늘려가는 것.

우리가 인문학을 자주 접해야 하는 이유다.

어떤 것에도 쉽게 쓰러지지 않을 몸을 단련하는 것

그런 다음 얻는 선물은 기대 이상일 것이라는 걸,
나는 확신한다.

세상을 잘 몰랐던 어느 때, 어쩌면 세상에 대한 희망과 꿈이 지금보다 더 많았던 그때였을까.

어른들의 운동이 그저 멋있어 보일 때가 있었다. 돈을 버는 자의 여유에서 오는 아우라를 느꼈던 것 같다. 안이 훤히 들여다 보이는 피트니스 센터에서, 러닝머신 위를 가쁜 숨을 내쉬며 달리는 사람들을 우러러보곤 했다. 미디어의 영향도 컸던 것 같다. 돈 많은 실장님이 사랑으로 마음이 아플 때, 분노의 표정을 지으며 벽에 대고 스쿼시 공을 후려치며 포효하는 모습. 나도 언젠가 어른이 되어 힘이 들 땐 꼭 저렇게 해보고자 했던 기억이 난다.

어른들의 운동은 멋이 아닌 생존을 위함이다!

우리는 누구나 쉬이 어른이 된다.

되고 싶지 않아도, 사회에선 그저 어린 사람으로 남아 있도록 내버려두지 않는다. 직장생활을 포함한 사회생활(육아나 프리랜서, 사업 등도 물론 포함)에 발을 들여놓다 보면 몸은 안팎으로 망가지기 시작한다. 건강검진을 하고 나서는 비만, 폐활량 부족, 지방간 수치가 높다는 진단을 받곤 하는데 다들 놀라지 않는 눈치다. 사회생활을 하면 자연스럽게 얻게 되는 훈장 아닌 훈장으로 받아들이는 게 아닐까. 아, 그것은 어쩌면 어찌할 수 없는 자들의 고상한 체념일 것이다.

그렇게, 어른이 되어서야 깨닫는다.

어른들의 운동은 멋이 아닌 생존을 위한 것임을!

정신적 피곤함 그리고 운동이 주는 선물

운동이 우리 삶에 미치는 긍정적인 영향은 굳이 말하지 않아도 될 정도다. 각종 실험이나 논문, 그리고 방송 등에서 연일 그러한 이야기를 많이 보고 듣는다. 그러니까 몰라서 못하는 게 아니라는 것. 이리 치이고 저리 치이는 사회생활 속에서 고군분투하느라 방전된 배터리처럼 온몸이 너덜너덜해져 집으로 돌아오니, 알지만 당최 어쩔 도리가 없다.

사실 몸도 피곤하지만 정신적 피로가 더 문제라는 것

을 우리는 잘 안다.

몸이 뻐근한 것과, 머리와 정신이 뿌옇게 무거운 건 분명 다르다. 후자의 피곤함은 쉬어도 쉬어도 해소가 되지 않는다. 스트레스는 차곡차곡 쌓여, 그것이 굳어 마치 땅의 단층부가 된 것처럼 그 피로는 요지부동이다.

그나마 좋은 소식은 운동이 몸뿐만 아니라 정신에도 도움이 된다는 것이다.

독일의 인간 인지와 뇌 과학을 연구하는 막스 플랑크 Max Planck 연구소는, 사람은 나이가 들어갈수록 동맥이 뻣뻣해지는 경화가 일어나는데, 유산소 운동을 하는 사람들의 대동맥 탄성이 더 좋다는 결과를 발표했다. 이는 건강뿐 아니라 인지능력을 향상하고 노화를 늦추는 효과까지 준다고 덧붙였다.

너무나 당연하고 누구나 아는 결과 같지만, 당장 뛰어나가지 못하는 상황에 있거나, 하고 싶지만 그럴 의지가 부족한 사람들에게는 분명 운동에 대한 당위성을 전달해주리라 믿는다.

나 또한 운동이 주는 선물을 경험한 적이 있다.

직장 스트레스로 (담배와 술을 잘 안 하는 특성상) 과식과 폭식을 일삼아 20kg이 갑자기 찐 적이 있다. 대리 초 즈음이었으며, 업무의 과중보다는 존재감에 대한 고민이 컸던 때였다. 먹고 또 먹었다. 쌓인 스트레스만큼, 마음 아픈 만큼 먹으려 했으니 끝이 없었다. 채우고 채워도 채워지지 않는 그 느낌은 우울함까지 불러왔다. 살은 찌고, 숨은 가쁘고, 얼굴은 굳고, 웃음은 사라졌다. 그러다 보니 자존감도 떨어지고, 사람들과 눈 마주치는 것조차 두려웠던 기억이 또렷하게 남아 있다.

이러다가 죽을 수도 있겠단 생각이 번뜩 들었다.
숨 쉬기가 힘들었다. 살고 싶다는 본능이 튀어나왔고,

또다시 본능적으로 머릿속에 떠오른 한 단어는 바로 '운동'이었다. 그것 말고는 다른 게 떠오르지 않았다.

스쿼시를 등록하고, 살고 싶은 의지만큼 치열하게 운동했다. 석 달 만에 20kg을 빼고 건강을 되찾았다. 그리고 놀랍게도 잃었던 것 이상으로 무언가를 되찾은 듯한 느낌이 들었다. 몸의 건강, 자존감, 웃음과 자신감. 말로 표현하지 못할 그 어떤 긍정의 에너지와 일상의 소중함까지. 화장실에서 몰래 손가락으로 입을 찢어가며 웃는 연습을 하지 않아도 자연스러운 웃음이 마음으로부터 우러나왔다.

그래서 나는 스트레스로 머리가 아프고 마음이 힘들 때면 운동을 한다. 나가서 뛰거나, 아이들과 시간을 내어 축구를 한다. 점심시간엔 회사 앞 공원을 큰 둘레로 돌기도 하며, 정 시간이 없으면 퇴근할 때 전철역 네 정거장 전쯤에서 내려 걸어간다.

다시 살아난 그때의 기억이, 나로 하여금 운동을 하게 만들고 덜 흔들리게 한다.

어떤 것에 흔들려 넘어지는 건 몸이 먼저다. 몸이 쓰러지면 마음도 쓰러지는 것이다. "건강한 육체는 영혼의 사랑방이며, 아픈 몸은 그 감옥이다."란 말이 있다. 우리 마음과 정신은 육체에 고스란히 담겨 있고, 육체의 느낌과 고통 그리고 쾌락에 온전히 영향을 받는다. 가상의 세계나 또 다른 세상이 있다는 의문 또는 '호접지몽胡蝶之夢'의 경지도 육체의 고통 앞에 맥을 못 춘다.

우리는 살아가면서 내공을 쌓는다.

사회생활을 하며 경험과 경력이 쌓이고, 육체적 성장은 멈췄더라도 정신적으로 성장을 이어 나간다. 그 내공과 정신적 성장을 뒷받침해주는 건 바로 몸의 건강이다. 그래서 어떤 것에도 쉽게 쓰러지지 않는 몸을 단련하는 것은 매우 중요하다. 이 또한 거창하게 시작할 필요가

없다. 지하철 한 정거장 전에 내려 집까지 걸어가보거나,
점심시간에 잠시 산책을 하는 것부터 시작하면 된다.

그러고 나서 얻는 선물은 기대 이상일 것이라는 걸, 나
는 확신한다.

일상 루틴 찾기

일상 루틴으로 돌아오려는
'회복탄력성'을 갖추기 위해!

겨우 그거예요?

우울증으로 오랜 시간을 집에서만 지내던 중년 여성이 진료실을 찾았다.

첫 상담 후 그 여성은 담당 정신과의사에게 물었다.

"약을 먹는 것 외에 무슨 노력을 해야 할까요? 증상을 호전시키는 데 좋은 음식이라도 있을까요?"

의사는 다음과 같이 이야기했다.

"매일 일정한 시간에 자고, 일어나세요. 입맛이 없어도 가족들과 하루 한 끼는 꼭 같이 챙겨 드세요. 하루에 한 번은 문 밖으로 다만 몇 발자국이라도 나가세요. 그걸 지키면 됩니다. 간단하죠?"

그러자 환자는 '겨우 그거?'라는 의아해하는 표정으로 진료실을 나갔다.

한 신문에 마음 관련 칼럼을 쓰는 어느 정신과의사는 위와 같이 회상하며 '우울증을 포함한 대부분의 정신질환은 일상의 루틴이 깨지는 것'이 터닝 포인트라고 강조했다.

일상의 루틴 사이클을 제자리로 돌리려는 것은 생각보다 어렵다.

'겨우 그거…'처럼 보이는 일을 제대로 해내지 못했을 때의 좌절감은 맛본 자만이 안다. 대부분의 사람들은 자신이 어떠한 일상 루틴을 가지고 있는지를 잘 알아채지 못한다. 그저 지루하게 반복되는 일상이라 생각하는 경우가 허다하다. 그렇게 우리는 우리의 일상을 하대하고 있는지도 모르겠다.

  창작을 하는 사람들의 일상 루틴은 어떨까.

  항상 새로움을 추구할 거라는 예상과 달리 소설가 베르나르 베르베르와 무라카미 하루키는 하루도 빼놓지 않고 정해진 시간에 글을 쓰고, 사람들과 점심을 먹고, 달리기를 한다. 절대 무리하지 않고 일상의 루틴을 빠짐없이 지켜나가는 것이 글을 쓸 수 있는 비결이라 말한다. 그들은 일상의 소중함을 안다. 일상을 하대하지 않고 극진히 대접한다.

  기대한 바보다 특별나지 않은 그들의 일상은, 어느새 우리의 일상을 돌아보게 만든다.

나만의 일상 루틴이 필요하다

결론부터 말하자면 결국 '일상 루틴'은 삶의 에너지다.

꾸준함과 우직함. 반복하는 힘과 버티기. 모두가 그것으로부터 나오는 힘이다. 《아웃라이어》의 저자 말콤 글래드웰은 1만 시간의 법칙을 언급하여 유명세를 탔다. 그는 성공한 사람들의 비결은 우월한 유전자뿐만 아니라 끊임없는 노력이 함께 한 것이라 강조했다. 어찌 보면 당연해 보이는 이 이론은 심리학자 K. 앤더스 에릭슨에 의해 이미 설파된 바 있다. 그는 1993년 논문에서 엘리트 연주가와 아마추어의 실력 차이의 80%는 연습량 때문이라고 결론지었다.

연습을 꾸준히 하는 사람들에게 '연습'은 일상이다. 그들은 기어코 '연습'을 자신만의 일상으로 만들어낸 것이다. 자신만의 일상을 만들고 그것을 지켜나가려 노력하는 것. 그리하여 끝내 내가 원하는 것을 이루어내는 것. 나만의 일상 루틴이 필요한 이유다.

사실 나만의 일상 루틴을 찾는 건 대단한 게 아니다.
꼭 누구처럼 몇 시에 일어나 달리기를 하고, 책상에 앉아 글을 쓰는, 그런 무언가를 만들어내겠다는 다짐은 버리는 게 좋다. 그런 다짐을 하는 순간 그것은 나만의 일상 루틴이 아니라 일상 괴롭힘이 될 것이 뻔하다. 하지 않으려는 자신과 순간순간 싸워야 하며 그것을 하지 못했을 때 오는 자괴감은 이루 말할 수 없기 때문이다.

나만의 일상 루틴 만들기의 첫걸음은, 그것을 새로 만들기보단 그것을 찾고 알아차리는 것이다.
아침에 일어나서 밥 먹고, 씻고, 집안 정리하고, 출근하거나 학교에 가는 것. 우리가 자연스레 유지하는 지금의 생활을 버겁게 느끼지 말아야 한다. 지금의 일상에 감사할 줄 알아야 한다. 최소한의 삶이 보장되기에 우리는 일상을 영위할 수 있다. 그저 그런 오늘 하루를 보냈다면 오늘은 무탈한 것이고 뭔가 큰일이 생기지 않았다는 것. 일상이 있다는 심리적 안정감은 무의식에 깊이 자리매김하여 오늘도 우리를 덜 흔들리도록 지탱해주고 있다는 걸 알아차려야 한다. 그러한 후에 내가 원하는 일상 루틴을 조금씩, 하나씩 추가해보면 된다.

그러니 나의 어제와 오늘을 되돌아보고 나만의 일상 루틴을 마음의 눈을 크게 뜨고 찾아보자.
내가 지키고 있는 일상 루틴은 무엇인지, 매일 해야 해서 지겨울 수도 있지만 그래서 소중한 것은 무엇인지 알아차릴 수 있도록.

그러다 보면 알게 될 것이다, 내가 원하는 것을 이루기 위해 해야 하는 일들을 일상에 녹여 루틴으로 만드는 것이 얼마나 대단한 일인지. 그리고 마음이 힘들거나 고통으로 힘든 유사시에는 어서 빨리 일상 루틴으로 돌아오려는 '회복 탄력성'을 갖추게 된다는 것 또한.

P.S.

글을 쓰기 시작한 후부터는 하루 중 어느 한 때라도 바흐의 곡을 틀고 자판을 두드린다. 평소엔 듣지도 않던 클래식인데, 클래식과 함께 하는 글쓰기는 내 마음을 참 평안하게 한다. 그리고 이러한 일상 루틴은 내 이름이 적힌 책이라는 선물을 나에게 주었다. 그러니 책을 써야겠다는 거만함보다는 글을 써야겠다는, 그러니까 나의 일상 루틴을 잘 지켜나가야겠다는 다짐을 매 순간 하게 된다.